中国式现代化研究丛书
张东刚 刘 伟 总主编

GZC 高校主题出版
2022 GAOXIAO ZHUTI CHUBAN

全面推进乡村振兴

郑风田 等◎著

中国人民大学出版社
· 北京 ·

中国式现代化：
强国建设、民族复兴的必由之路

历史总是在时代浪潮的涌动中不断前行。只有与历史同步伐、与时代共命运，敢于承担历史责任、勇于承担历史使命，才能赢得光明的未来。2022年10月，习近平总书记在党的二十大报告中庄严宣示："从现在起，中国共产党的中心任务就是团结带领全国各族人民全面建成社会主义现代化强国、实现第二个百年奋斗目标，以中国式现代化全面推进中华民族伟大复兴。"2023年2月，习近平总书记在学习贯彻党的二十大精神研讨班开班式上发表重要讲话进一步强调："概括提出并深入阐述中国式现代化理论，是党的二十大的一个重大理论创新，是科学社会主义的最新重大成果。中国式现代化是我们党领导全国各族人民在长期探索和实践中历经千辛万苦、付出巨大代价取得的重大成果，我们必须倍加珍惜、始终坚持、不断拓展和深化。"习近平总书记围绕以中国式现代化推进中华民族伟大复兴发表的一系列重要讲话，深刻阐述了中国式现代化的一系列重大理论和实践问题，是对中国式现代化理论的极大丰富和发展，具有很强的政治性、理论性、针对性、指导性，对于我们正确理解中国式现代化，全面学习、全面把握、全面落实党的二十大精神，具有十分重要的意义。

现代化是人类社会发展到一定历史阶段的必然产物，是社会基本矛盾运动的必然结果，是人类文明发展进步的显著标志，也是世界各国人民的共同追求。实现现代化是鸦片战争以来中国人民孜孜以求的目标，也是中国社会发展的客观要求。从1840年到1921年的80余年间，无数仁人志士曾为此进行过艰苦卓绝的探索，甚至付出了血的代价，但均未成功。直到中国共产党成立后，中国的现代化才有了先进的领导力量，才找到了正确的前进方向。百余年来，中国共产党团结带领人民进行的一切奋斗都是围绕着实现中华民族伟大复兴这一主题展开的，中国式现代化是党团结带领全国人民实现中华民族伟大复兴的实践形态和基本路径。中国共产党百年奋斗的历史，与实现中华民族伟大复兴的奋斗史是内在统一的，内蕴着中国式现代化的历史逻辑、理论逻辑和实践逻辑。

一个时代有一个时代的主题，一代人有一代人的使命。马克思深刻指出："人们自己创造自己的历史，但是他们并不是随心所欲地创造，并不是在他们自己选定的条件下创造，而是在直接碰到的、既定的、从过去承继下来的条件下创造。"中国式现代化是中国共产党团结带领中国人民一代接着一代长期接续奋斗的结果。在新民主主义革命时期，党团结带领人民浴血奋战、百折不挠，经过北伐战争、土地革命战争、抗日战争、解放战争，推翻帝国主义、封建主义、官僚资本主义三座大山，建立了人民当家作主的新型政治制度，实现了民族独立、人民解放，提出了推进中国式现代化的一系列创造性设想，为实现现代化创造了根本社会条件。在社会主义革命和建设时期，党团结带领人民自力更生、发愤图强，进行社会主义革命，推进社会主义建设，确立社会主义基本制度，完成了中华民族有史以来最广泛而深刻的社会变革，提出并积极推进"四个现代化"的战略目标，建立起独立的比较完整的工业体系和国民经济体系，在实现什么样的现代化、怎样实现现代化的重大问题上作出了宝贵探索，积累了宝贵经验，为现代化建设奠定了根本政治前提和宝贵经验、理论准备、物质基础。在改革开放和社会主义建设新时期，党团结带领人民解放思想、锐意进取，实现了新中国成立以来党的历史上具有深远意义的伟大转折，确立党在社会主义初级阶段的基本路线，坚定不移推进改革开放，开创、坚持、捍卫、发展中国特色社会主义，在深刻总结我国社会主义现代化建设正反两方面经验基础上提出了"中国式现代化"的命题，提出了"建设富强、民主、文明的社会主义现代化国家"的目标，制定了到 21 世纪中叶分三步走、基本实现社会主义现代化的发展战略，让中国大踏步赶上时代，为中国式现代化提供了充满新的活力的体制保证和快速发展的物质条件。进入中国特色社会主义新时代，以习近平同志为核心的党中央团结带领人民自信自强、守正创新，成功推进和拓展了中国式现代化。我们党在认识上不断深化，创立了习近平新时代中国特色社会主义思想，实现了马克思主义中国化时代化新的飞跃，为中国式现代化提供了根本遵循。明确指出中国式现代化是人口规模巨大的现代化、是全体人民共同富裕的现代化、是物质文明和精神文明相协调的现代化、是人与自然和谐共生的现代化、是走和平发展道路的现代化，揭示了中国式现代化的中国特色和科学内涵。在实践基础上形成的中国式现代化，其本质要求是，坚持中国共产党领导，坚持中国特色社会主义，实现高质量发展，发展全过程人民民主，丰富人民精神世界，实现全体人民共同富裕，促进人与自然和谐共生，推动构建人类命运共同体，创造人类文明新形态。习近平总书记强调，在前进道路上，坚持和加强党的全面领导，坚持中国特色社会主义道路，坚持以人民为中心的发展思想，坚持深化改革开放，坚持发扬斗争精神，是全面建设社会主义现代化国家必须牢牢把握的重大原则。中国式现代化理论体系的初步构建，使中国式现代化理论与实践更加清晰、更加科学、更加可感可行。我们党在战略上不断完善，深入实施科教兴国战略、人才强国战略、乡村振兴战略等一系列重大战略，为中国式现代化提供坚实战略支撑。我们党在实践上不断丰富，推进一系列变革性实践、实现一系列突破性进展、取得一系列标志性成果，推动党和国家事业取得历史性成就、发生历史性变革，特别是消除了绝对贫困问题，全面建成小康社会，为中国式现代化提供了更为完善的制度保证、更为坚实的物质基础、更为主动的精神力量。

思想是行动的先导，理论是实践的指南。毛泽东同志深刻指出："自从中国人学会了马克思列宁主义以后，中国人在精神上就由被动转入主动。"中国共产党是为中国人民谋幸福、为中华民族谋复兴的使命型政党，也是由科学社会主义理论武装起来的学习型政党。中国共产党的百年奋斗史，也是马克思主义中国化时代化的历史。正如习近平总书记所指出的："中国共产党为什么能，中国特色社会主义为什么好，归根到底是马克思主义行，是中国化时代化的马克思主义行。"一百多年来，党团结带领人民在中国式现代化道路上推进中华民族伟大复兴，始终以马克思主义为指导，不断实现马克思主义基本原理同中国具体实际和中华优秀传统文化相结合，不断将马克思关于现代社会转型的伟大构想在中国具体化，不断彰显马克思主义现代性思想的时代精神和中华民族的文化性格。可以说，中国式现代化是科学社会主义先进本质与中华优秀传统文化的辩证统一，是根植于中国大地、反映中国人民意愿、适应中国和时代发展进步要求的现代化。中国式现代化理论是中国共产党团结带领人民在百年奋斗历程中的思想理论结晶，揭示了对时代发展规律的真理性认识，涵盖全面建设社会主义现代化强国的指导思想、目标任务、重大原则、领导力量、依靠力量、制度保障、发展道路、发展动力、发展战略、发展步骤、发展方式、发展路径、发展环境、发展机遇以及方法论原则等十分丰富的内容，其中习近平总书记关于中国式现代化的重要论述全面系统地回答了中国式现代化的指导思想、目标任务、基本特征、本质要求、重大原则、发展方向等一系列重大问题，是新时代推进中国式现代化的理论指导和行动指南。

大道之行，壮阔无垠。一百多年来，党团结带领人民百折不挠，砥砺前行，以中国式现代化全面推进中华民族伟大复兴，用几十年时间走过了西方发达国家几百年走过的现代化历程，在经济实力、国防实力、综合国力和国际竞争力等方面均取得巨大成就，国内生产总值稳居世界第二，中华民族伟大复兴展现出灿烂的前景。习近平总书记在庆祝中国共产党成立100周年大会上的讲话中指出："我们坚持和发展中国特色社会主义，推动物质文明、政治文明、精神文明、社会文明、生态文明协调发展，创造了中国式现代化新道路，创造了人类文明新形态。"我们党科学擘画了中国式现代化的蓝图，指明了中国式现代化的性质和方向。党团结带领人民开创和拓展中国式现代化的百年奋斗史，就是全面推进中华民族伟大复兴的历史，也是创造人类文明新形态的历史。伴随着中国人民迎来从站起来、富起来再到强起来的伟大飞跃，我们党推动社会主义物质文明、政治文明、精神文明、社会文明、生态文明协调发展，努力实现中华文明的现代重塑，为实现全体人民共同富裕奠定了坚实的物质基础。中国式现代化是马克思主义中国化时代化的实践场域，深深植根于不断实现创造性转化和创新性发展的中华优秀传统文化，蕴含着独特的世界观、价值观、历史观、文明观、民主观、生态观等，在文明交流互鉴中不断实现综合创新，代表着人类文明进步的发展方向。

从国家蒙辱到国家富强、从人民蒙难到人民安康、从文明蒙尘到文明复兴，体现了近代以来中华民族历经苦难、走向复兴的历史进程，反映了中国社会和人类社会、中华文明和人类文明发展的内在关联和实践逻辑。中国共产党在不同历史时期推进中国式现代化的实践史，激活了中华文明的内生动力，重塑了中华文明的历史主体性，以面向现代化、面向世界、面向未来的思路建设民族的、科学的、大众的社会主义文化，以开阔的世界眼光促进先进文化向文明的实践转化，勾勒了中国共产党百余年来持续塑造人类文明新形态的历史画卷。人类文明新形态是党团结带领人民独立自主地持续探索具有自身特色的革命、建设和改革发展道路的必然结果，是马克思主义现代性思想和世界历史理论同中国具体实际和中华优秀传统文化相结合的产物，是中国共产党百余年来持续推动中国现代化建设实践的结晶。习近平总书记指出："一个国家走向现代化，既要遵循现代化一般规律，更要符合本国实际，具有本国特色。中国式现代化既有各国现代化的共同特征，更有基于自己国情的鲜明特色。"世界上没有放之四海而皆准的现代化标准，我们党领导人民用几十年时间走完了西方发达国家几百年走过的工业化进程，在实践创造中进行文化创造，在世界文明之林中展现了彰显中华文化底蕴的一种文明新形态。这种文明新形态既不同于崇尚资本至上、见物不见人的资本主义文明形态，也不同于苏联东欧传统社会主义的文明模式，是中国共产党对人类文明发展作出的原创性贡献，体现了现代化的中国特色和世界历史发展的统一。

中国式现代化是一项开创性的系统工程，展现了顶层设计与实践探索、战略与策略、守正与创新、效率与公平、活力与秩序、自立自强与对外开放等一系列重大关系。深刻把握这一系列重大关系，要站在真理和道义的制高点上，回答"中华文明向何处去、人类文明向何处去"的重大问题，回答中国之问、世界之问、人民之问、时代之问，不断深化正确理解和大力推进中国式现代化的学理阐释，建构中国自主的知识体系，不断塑造发展新动能新优势，在理论与实践的良性互动中不断推进人类文明新形态和中国式现代化的实践创造。

胸怀千秋伟业，百年只是序章。习近平总书记强调："一个国家、一个民族要振兴，就必须在历史前进的逻辑中前进、在时代发展的潮流中发展。"道路决定命运，旗帜决定方向。今天，我们比历史上任何时期都更接近中华民族伟大复兴的目标，比历史上任何时期都更有信心、有能力实现这个宏伟目标。然而，我们必须清醒地看到，推进中国式现代化，是一项前无古人的开创性事业，必然会遇到各种可以预料和难以预料的风险挑战、艰难险阻甚至惊涛骇浪。因而，坚持运用中国化时代化马克思主义的思想方法和工作方法，坚持目标导向和问题导向相结合，理顺社会主义现代化发展的历史逻辑、理论逻辑、实践逻辑之间的内在关系，全方位、多角度解读中国式现代化从哪来、怎么走、何处去的问题，具有深远的理论价值和重大的现实意义。

作为中国共产党亲手创办的第一所新型正规大学，始终与党同呼吸、共命运，服务党和国家重大战略需要和决策是中国人民大学义不容辞的责任与义务。基于在人文社会科学领域"独树一帜"的学科优势，我们凝聚了一批高水平哲学社会科学研究团队，以习近平新时代中国特色社会主义思想为指导，以中国式现代化的理论与实践为研究对象，组织策划了这套"中国式现代化研究丛书"。"丛书"旨在通过客观深入的解剖，为构建完善中国式现代化体系添砖加瓦，推动更高起点、更高水平、更高层次的改革开放和现代化体系建设，服务于释放更大规模、更加持久、更为广泛的制度红利，激活经济、社会、政治等各个方面良性发展的内生动力，在高质量发展的基础上，促进全面建成社会主义现代化强国和中华民族伟大复兴目标的实现。"丛书"既从宏观上展现了中国式现代化的历史逻辑、理论逻辑和实践逻辑,也从微观上解析了中国社会发展各领域的现代化问题;既深入研究关系中国式现代化和民族复兴的重大问题,又积极探索关系人类前途命运的重大问题;既继承弘扬改革开放和现代化进程中的基本经验,又准确判断中国式现代化的未来发展趋势;既对具有中国特色的国家治理体系和治理能力现代化进行深入总结,又对中国式现代化的未来方向和实现路径提出可行建议。

展望前路,我们要牢牢把握新时代新征程的使命任务,坚持和加强党的全面领导,坚持中国特色社会主义道路,坚持以人民为中心的发展思想,坚持深化改革开放,坚持发扬斗争精神,自信自强、守正创新,踔厉奋发、勇毅前行,在走出一条建设中国特色、世界一流大学的新路上,秉持回答中国之问、彰显中国之理的学术使命,培养堪当民族复兴重任的时代新人,以伟大的历史主动精神为全面建成社会主义现代化强国、实现中华民族伟大复兴作出新的更大贡献!

前　言

　　"十三五"期间，脱贫攻坚战的全面打响、农业供给侧结构性改革的深入推进以及乡村振兴战略的良好开局使得农业农村取得历史性成就，现行标准下农村贫困人口全部脱贫，历史性地解决了绝对贫困问题，农业现代化稳步推进，全面建成小康社会的第一个百年奋斗目标如期实现。但我们仍要清醒认识到，全面建设社会主义现代化国家，实现中华民族伟大复兴，最艰巨最繁重的任务依然在农村，最广泛最深厚的基础依然在农村。

　　"十四五"时期是新发展阶段的起步期，是乘势而上开启全面建设社会主义现代化国家新征程、向第二个百年奋斗目标进军的第一个五年，"三农"工作要以高质量发展为主题，将重点转移至全面推进乡村振兴上来。"全面"一词具有丰富的科学内涵。从内容看，"全面"要求覆盖乡村发展各个领域，乡村从产业、人才、文化、生态到组织各方面均要实现全面升级和发展；从地域看，"全面"要求覆盖全部乡村，不论是东部发达地区还是中西部欠发达地区，都要将工作重点转移到全面实施乡村振兴战略上来；从政策看，"全面"要求各级政府要在资金投入、要素配置、公共服务等各方面将农业农村发展放在优先位置考虑，落实各项规划、方案等，切实促进乡村全面振兴。

《中华人民共和国国民经济和社会发展第十四个五年规划和 2035 年远景目标纲要》明确提出，"走中国特色社会主义乡村振兴道路，全面实施乡村振兴战略，强化以工补农、以城带乡，推动形成工农互促、城乡互补、协调发展、共同繁荣的新型工农城乡关系，加快农业农村现代化"，并从提高农业质量效益和竞争力、实施乡村建设行动、健全城乡融合发展体制机制、实现巩固拓展脱贫攻坚成果同乡村振兴有效衔接四个方面对全面推进乡村振兴的具体路径进行阐述。

党的二十大报告指出："全面建设社会主义现代化国家，最艰巨最繁重的任务仍然在农村。坚持农业农村优先发展，坚持城乡融合发展，畅通城乡要素流动。加快建设农业强国，扎实推动乡村产业、人才、文化、生态、组织振兴。全方位夯实粮食安全根基，全面落实粮食安全党政同责，牢牢守住十八亿亩耕地红线，逐步把永久基本农田全部建成高标准农田，深入实施种业振兴行动，强化农业科技和装备支撑，健全种粮农民收益保障机制和主产区利益补偿机制，确保中国人的饭碗牢牢端在自己手中。树立大食物观，发展设施农业，构建多元化食物供给体系。发展乡村特色产业，拓宽农民增收致富渠道。巩固拓展脱贫攻坚成果，增强脱贫地区和脱贫群众内生发展动力。统筹乡村基础设施和公共服务布局，建设宜居宜业和美乡村。巩固和完善农村基本经营制度，发展新型农村集体经济，发展新型农业经营主体和社会化服务，发展农业适度规模经营。深化农村土地制度改革，赋予农民更加充分的财产权益。保障进城落户农民合法土地权益，鼓励依法自愿有偿转让。完善农业支持保护制度，健全农村金融服务体系。"

本书以"十四五"规划和党的二十大精神为指导，结合中央及地方各级政府相关政策文件和实践经验，分四篇阐述了"十三五"期间我国在农业农村发展方面取得的成就，分析未来面临的挑战，并在此基础上针对"十四五"时期的行动目标提出新时期全面推进乡村振兴的相关政策建议。

目　录

第一篇

提高农业质量效益和竞争力

党的二十大报告提出："全方位夯实粮食安全根基"，"牢牢守住十八亿亩耕地红线"，"确保中国人的饭碗牢牢端在自己手中"。农业是关系国计民生的基础产业。提高农业质量效益和竞争力是推动乡村产业振兴的重要抓手，也是推进农业农村现代化的重要途径。"十三五"期间，我国农产品供给保障水平再上新台阶，农业综合生产能力得到提升，粮食产量连续 6 年保持在 1.3 万亿斤以上，实现历史性的"十七连丰"，实现了谷物基本自给和口粮绝对安全，粮食安全保障的层次已跨过"吃得饱"阶段，向"吃得好、吃得健康"阶段迈进。"十四五"时期是我国推进农业现代化，加快农业提质增效、转型升级的关键时期，要牢牢稳住农业基本盘，将提高农业质量效益和竞争力摆在更加突出的位置，促进农业现代化与工业化、信息化、城镇化同步发展，为全面建设社会主义现代化国家提供基础支撑。

增强农业综合生产能力是提高国家综合实力的基础和前提，必须持续强化农业的基础地位。为保障国家粮食安全和重要农产品有效供给，必须深入实施"藏粮于地、藏粮于技"战略，把中国人的饭碗牢牢端在自己手里。要坚持最严格的耕地保护制度，做好数量保证和质量提升并重；要强化现代农业科技和物质装备支撑，改善提升农机装备、农田水利等设施条件，发展现代种业，提升农业科技与服务。

推动农业供给侧结构性改革是农业现代化的主线和重要路径。为强化农业的质量导向，深化农业结构调整，必须根据市场供需变化和区域比较优势优化农业生产布局；必须推进优质粮食工程，实现粮食行业的供给侧结构性改革；必须推进农业绿色转型，完善绿色农业标准体系；必须高度重视现代化农业产业园区和农业现代化示范区建设。

　　推动乡村产业振兴，实现农村一二三产业融合发展是提升农业质量效益和竞争力的潜力所在。要通过延长产业链、提升价值链、打造供应链，推动现代乡村富民产业和特色产业发展，开发农业多种功能，提高农业综合效益；要完善利益联结机制，让农民更多分享产业增值收益。

　　第一篇的章节安排如下：第一章是"增强农业综合生产能力"，主要探讨如何深入实施"藏粮于地、藏粮于技"战略，保障粮食安全和重要农产品有效供给；第二章是"深化农业结构调整"，主要探讨如何深化农业供给侧结构性改革；第三章是"丰富乡村经济业态"，主要探讨如何推动乡村三产融合发展，发挥农业多功能性，使农民分享更多收益。

增强农业综合生产能力

"洪范八政，食为政首"。对于中国这样一个拥有 14 亿多人口的大国来讲，保障粮食安全和重要农产品有效供给是一个永恒的课题。促进农产品增产增收是实现农业农村现代化发展最本质的要求，增强农业综合生产能力是实现农业增产增收的关键路径。评判我国农业综合生产能力是否增强的主要依据便是国家保障粮食安全和重要农产品有效供给的能力是否得到提高。"十三五"期间，我国农业综合生产能力迈上新台阶，在中美经贸摩擦、新冠肺炎疫情肆虐等风险因素的影响下，粮食安全也完全得到保障，重要农产品能做到产得出、供得上、卖得好，经受住了层层大考，真正做到将中国人的饭碗牢牢端在自己手中。但是，粮食供求一直处于紧平衡状态，特别是随着消费升级，粮食需求还会有刚性的增长，外部形势的不确定性不稳定性也持续增加，所以保障粮食安全、增强农业综合生产能力依然是"十四五"时期乃至更长时间内强调的重点工作，要尽可能提高粮食安全系数，真正做到手中有粮，心中不慌。

确保国家粮食安全，需要强化政策保障。一是要辅之以利，即让种粮农民有钱可赚、有利可图，要完善种粮补贴政策，激发农民种粮活力；二是要辅之以义，即强化和夯实地方党委政府的义务责任，加强粮食生产功能区和重要农产品保护区建设，提高政策保障重要农产品有效供给的能力，健全产粮大县支持政策体系，实施农产品进口多元化战略，开展全链条粮食节约行动。增强农业综合生产能力，保障粮食安全的关键在于做好"两藏"，即深入实施"藏粮于地、藏粮于技"战略。耕地是粮食生产的命根子，实现"藏粮于地"，要从稳定耕地数量和提升耕地质量两大方面入手。一是要严守 18 亿亩耕地红线，任何时候、任何情况下都不可逾越，采取"长牙齿"的措施，落实最严格的耕地保护制度，坚决遏制耕地"非农化"、防止"非粮化"；二是要推进高标准农田建设和实施黑土地保护工程，加快加强地力恢复，实现稳产保供。科技为农业插上腾飞的翅膀，实现"藏粮于技"，即向科技要单产、要效益。一是要推进农田水利建设，筑牢农业生产基础；二是要推动农业机械化的快速发展，转变农业生产方式，使农业生产步入"快车道"；三是要关注农业产业链的源头，即种业的安全，推动种子革命向前，打好种业翻身仗；四是要强化农业科技与服务，引领现代化农业的发展。

第一节

夯实粮食生产能力，保障农产品供给安全

一、"十三五"期间保障粮食安全和重要农产品有效供给的成就

确保重要农产品特别是粮食供给，是实施乡村振兴战略的首要任务。我国确立的国家粮食安全战略是"以我为主、立足国内、确保产能、适度进口、科技支撑"，要求牢牢掌握保障国家粮食安全的主动权。随着城乡居民食物消费发生结构性转变，我国实现了从保障粮食安全向保障粮食及其他重要农产品供给安全的转变。2016 年习近平总书记在中央农村工作会

议上强调："要在确保国家粮食安全基础上，着力优化产业产品结构。"①
2020 年中央一号文件首次强调要"保障重要农产品有效供给"。"十三五"
期间，我国粮食生产稳定发展，重要农产品供给能力显著增强，有力确保
"谷物基本自给，口粮绝对安全"目标的实现。具体来看，首先，粮食等
重要农产品国内生产持续增产，2020 年我国粮食和谷物产量分别达到
6.69 亿吨和 6.17 亿吨，分别比上年增产 0.9％和 0.5％②，粮食总产量连
续 6 年超过 1.3 万亿斤，人均粮食占有量超过 470 公斤，远高于人均 400
公斤的国际粮食安全标准线③；大豆产量实现大幅度增长，2020 年已达到
1 960 万吨，同比增长 8.3％④；生猪生产能力较快恢复，2020 年末全国生
猪存栏 40 650 万头，同比增长 31.0％；牛羊禽生产稳定增长，2020 年，
全国肉牛、羊和家禽出栏量分别为 4 565 万头、31 941 万只和 155.7 亿只，
相较于 2019 年分别增长 0.7％、0.8％、6.3％⑤；棉油糖生产能力进一步
提升，棉花种植面积稳定在 5 000 万亩左右，产量稳定在 572 万吨左右，
单产持续提高，2020 年达到 124.3 公斤/亩，单产水平超过美国、印度等
产棉大国 90％以上⑥，2020 年油料种植面积达到 1 313 万公顷，产量达到
3 585 万吨，糖料产量为 12 028 万吨⑦。其次，重要农产品保持较高自给

---

① 中央农村工作会议在京召开 习近平对做好"三农"工作作出重要指示. 人民日报, 2016 - 12 - 21.
② 国家统计局. 中华人民共和国 2020 年国民经济和社会发展统计公报. （2021 - 02 -27）. ht-tp：//www. stats. gov. cn/tjsj/zxfb/202102/t20210227 _ 1814154. html.
③ 粮食产量连续 6 年超 1.3 万亿斤 我国粮食安全总体形势向好. （2021 - 04 - 02）. https：//t. ynet. cn/baijia/30596622. html.
④ 大豆振兴计划政策带动：2020 年中国大豆产量 1 960 万吨，同比增长 8.3％. （2020 - 12 -14）. https：//www. sohu. com/a/438076128 _ 711264.
⑤ 2020 中国农业经济发展报告发布! 推进农业农村现代化!. （2021 - 04 - 06）. https：//www. sohu. com/a/459260568 _ 396876.
⑥ 中国农科院发布十三五期间经济园艺作物科技成果. （2021 - 04 - 13）. https：//baijiahao. baidu. com/s? id=16969304569410897398wfr＝spider&for＝pc.
⑦ 同②.

率，谷物自给率超过 95％，水稻、小麦两大口粮自给率超过 100％[①]，猪牛羊禽等肉类自给率为 89％，大豆自给率为 16％[②]。

二、粮食安全和重要农产品有效供给面临的挑战

粮食安全的基础战略性地位决定了粮食安全问题的长期性和复杂性。中国目前的农产品供求仍呈现出"口粮自给有余，棉、油、糖、肉、奶等重要农产品存在供给缺口"[③] 的格局，这要求我们要从农产品需求侧和供给侧通盘考虑，把握变动趋势和存在问题。首先，人口总量增加和经济社会发展水平提升与农业资源稀缺矛盾日益尖锐。据第七次全国人口普查，中国现有总人口（包括港澳台地区）共 14.44 亿，年平均增长率达到 0.53％[④]，并且随着居民收入水平的提高和城镇化进程的加快，粮食等重要农产品的需求总量也将不断增加，根据相关预测，2035 年中国粮食需求总量将达到 7.6 亿~8.5 亿吨[⑤]，与此同时，具有比较优势的产业的快速发展大量挤占了农业资源，使得农产品保数量的压力越来越大。其次，粮食等重要农产品的供给能力不牢固。地少水缺是我国农业生产的客观约束和主要制约，构成了资源禀赋上的短板。有利于水土资源节约和高效率使用的优质农田数量不足，先进科技和适用机械的研发、应用和推广均不充分，显著制约了农业生产效率的提升；农业优质劳动力脱离粮食等重要农

① 我国谷物自给率超 95％以上 口粮自给率超 100％. （2020 - 11 - 01）. https：//m. gmw. cn/baijia/2020 - 11/01/1301747250. html.

② 夯实全面小康基础 重要农产品保障水平稳步提升. （2021 - 06 - 22）. https：//baijiahao. baidu. com/s？id=1703220043616627711&wfr=spider&for=pc.

③ 陈锡文. 切实保障国家食物供给安全. 农业经济问题，2021（6）.

④ 第七次全国人口普查公报（第二号）. （2021 - 05 - 11）. http：//www. stats. gov. cn/xxgk/sjfb/zxfb2020/202105/t20210511 _ 1817197. html.

⑤ 周天勇，田博. 新形势下我国人口与粮食安全战略思考. 中国经济评论，2021（7）.

产品生产的趋势仍在继续，小农户为主的生产格局也削弱了农产品稳定供给的能力；土地"非农化""非粮化"趋势明显，《第三次全国国土调查主要数据公报》指出，全国现有耕地 19.18 亿亩，相较于第二次全国国土调查减少了 1.13 亿亩，主要原因是农业结构调整和国土绿化。种种原因都导致粮食等重要农产品生产成本上升，供给能力的提升速度减慢，供需缺口逐渐拉大。最后，中美经贸摩擦、新冠肺炎疫情暴发等风险因素积累并日益复杂，增加了粮食国际贸易的不确定性。粮食等重要农产品进口是我国调剂国内农产品需求的重要手段，我国大豆进口规模是国内产量的 5～6 倍，自给率不足，仅有 16%，对外依存度较高，容易受到外部不利因素的冲击。2020 年新冠肺炎疫情在全球暴发后，国际粮食价格出现波动，部分国家限制甚至完全禁止粮食出口，由此引发了国际农产品市场的不确定性和农产品国际贸易无法有序进行。例如，因大豆的主要进口来源国巴西与美国遭受疫情冲击，我国国内大豆的市场价格在 3 月明显上升，使蛋奶类等农产品和其他食品的价格也面临上涨的压力。

三、"十四五"时期保障粮食安全和重要农产品有效供给的行动目标与具体任务

"十四五"时期，建构一个能最大限度发挥资源禀赋潜力、提升资源使用效率并适应各种市场特征的粮食等重要农产品供给体系是农业农村现代化的题中应有之义①。这一时期我国关于保障粮食安全和重要农产品有效供给的目标是：到 2025 年，粮食综合生产能力稳步提升，产量保持在

---

① 杜志雄，高鸣，韩磊．供给侧进口端变化对中国粮食安全的影响研究．中国农村经济，2021 (1).

1.3万亿斤以上，确保谷物基本自给、口粮绝对安全，生猪产能稳固提升，棉花、油料、糖料和水产品稳定发展，其他农产品保持合理自给水平①。保障粮食安全和重要农产品有效供给需要构建全方位的粮食等重要农产品政策支持和保护体系，协同发力，一体推进。

（1）严格落实和完善粮食安全省长责任制和"菜篮子"市长负责制。粮食安全省长责任制和"菜篮子"市长负责制是国家为压实地方各级党委和政府保障农产品供给安全的政治责任，实行党政同责的重要制度安排。地方政府应严格落实耕地保护制度，强化耕地用途管制，保证粮食播种面积稳定或增加；应扎实做好粮食收购工作，严格落实地方粮食储备，保障粮食供应不会受到自然风险和市场变动等因素的严重影响；应通过政府支持和政策保障等引导农业经营主体加快粮食全产业链现代化建设，提高保障粮食安全的能力和水平；应充分发挥粮食安全省长责任制考核的导向作用，及时督促地方政府将考核中发现的问题整改落实到位，确保考核实效，进而保障粮食安全工作的有力推进②。

（2）加强粮食生产功能区和重要农产品生产保护区建设。首先，各级政府应将粮食生产功能区和重要农产品生产保护区作为保障粮食安全和重要农产品供给的重点领域，确保资金到位和政策到位，加强"两区"范围内的基础设施建设，如农田水利设施和田间道路等；其次，应鼓励"两区"范围内的农业生产经营主体发展适度规模经营，重点是培育家庭农场、专业大户等新型农业经营主体，发挥其市场适应能力强、政府政策转

---

① 国务院关于印发"十四五"推进农业农村现代化规划的通知.（2022-02-11）. http://www.gov.cn/zhengce/content/2022-02/11/content_5673082.htm.

② 胡春华强调：不折不扣落实好粮食安全省长责任制.（2020-07-27）. http://www.gov.cn/guowuyuan/2020-07/27/content_5530461.htm.

化快、带动效应大的优势，调整优化农业生产结构，增加绿色优质农产品的供给以及实现一二三产业的融合发展；再次，应注重"两区"范围内社会化服务水平的提升，构建覆盖全程、综合配套、便捷高效的农业社会化服务体系，优化基层农技推广体系，提升农技推广和服务能力，实现小农户与现代农业发展的有机衔接；最后要综合运用物联网、云计算、大数据、遥感等现代信息技术建立"两区"监测监管体系，对其范围内的农作物种植情况进行动态监测，实行精细化管理，及时发现和处理问题。

（3）健全产粮大县支持政策体系。要严格贯彻落实财政部等部门印发的《关于扩大三大粮食作物完全成本保险和种植收入保险实施范围的通知》，逐步扩大稻谷、小麦、玉米三大粮食作物完全成本保险和种植收入保险试点范围，弥补种粮农民因自然灾害、重大病虫害、意外事故和价格、产量波动等造成的损失，最终实现产粮大县全覆盖；中央财政应进一步加大对产粮大县的转移支付和奖补力度，促进其扩大粮食种植面积、提高粮食生产和输出效率与质量；应提高对种粮农户的补贴标准和范围，促进其采纳绿色生产技术，推动科技成果转化；应继续强化对粮食主产区和产粮大县的农业基础设施投入，包括田间道路、农田水利设施等，为提高粮食种植效率和生产能力，促进规模化发展奠定坚实的硬件基础。

（4）构建以国内大循环为主体、国内国际双循环相促进的新发展格局，实施农产品进口多元化战略，优化农产品贸易布局。一是要持续强化粮食供给"以我为主"的观念，将粮食主动权牢牢掌握在自己手中，避免陷入"种不如买"的供给侧误区；二是要充分合理地利用国际市场和国外资源，进口更多水土资源密集型农产品，在保障粮食等重要农产品供给安全的基础上尽可能降低国内水资源和土地资源的供给压力；三是要拓宽农产品进口渠道，实施进口多元化战略，强化我国与非洲、东欧、拉美等地区的合作，尽可能降低进口来源集中背景下自然、市场、政治等因素导致的粮食等重要农产品供给风险，稳定重要农产品进口来源。

（5）开展粮食节约行动。要严格贯彻落实国家发展改革委印发的《全链条粮食节约减损工作方案》①，构建从田头到餐桌的全链条粮食节约减损管理体系，通过生产环节的提质增效、流通环节的运输方式优化、加工环节的利用率提升、存储环节的损耗降低、消费环节的浪费减少和资源化利用等全方位促进粮食节约。

| 第二节 |

严守耕地红线，坚持最严格的耕地保护制度

一、"十三五"期间落实耕地保护制度的成就

耕地是粮食生产的命根子。习近平总书记 2015 年对耕地保护工作做出重要指示："耕地是我国最为宝贵的资源。我国人多地少的基本国情，决定了我们必须把关系十几亿人吃饭大事的耕地保护好，绝不能有闪失。要实行最严格的耕地保护制度，依法依规做好耕地占补平衡，规范有序推进

---

① 国家发展改革委办公厅印发全链条粮食节约减损工作方案．（2021－05－27）．https：//www.ndrc.gov.cn/fzggw/jgsj/hzs/sjdt/202105/t20210527_1281240.html？code＝&state＝123.

农村土地流转，像保护大熊猫一样保护耕地。"① "十三五"期间，我国执行最严格的耕地保护制度，严守18亿亩耕地红线不放松，第三次全国国土调查（以下简称"三调"）数据显示：截至2019年底，全国耕地总面积12 786.19万公顷。其中，水田3 139.20万公顷，占24.55%；水浇地3 211.48万公顷，占25.12%；旱地6 435.51万公顷，占50.33%。从全国层面看，实现了国家规划确定的耕地保有量目标②。

二、耕地保护目前存在的问题

"三调"数据显示，"二调"以来的10年间，在严格落实占补平衡的政策下，全国耕地地类共减少1.13亿亩，主要原因是农业结构调整和国土绿化，其中耕地净流向林地1.12亿亩，净流向园地0.63亿亩③。孔祥斌教授通过实地调查结合统计数据，初步判断我国耕地"非粮化"率为27%，其根本原因在于种粮经济效益低④。2021年5月31日自然资源部《2020年土地例行督察发现的耕地保护重大问题典型案例》通报部分地区的耕地保护工作存在违法占用耕地和永久基本农田挖田造湖造景，地方政府非法批地，虚假整改违法建设用地应付干扰督察，补充、复垦耕地不实等问题⑤。

---

① 习近平就做好耕地保护和农村土地流转工作作出重要指示强调 依法依规做好耕地占补平衡 规范有序推进农村土地流转. 人民日报，2015 - 05 - 27.

② 第三次全国国土调查主要数据成果发布. （2021 - 08 - 26）. http：//www.gov.cn/xinwen/2021 - 08/26/content_5633497.htm.

③ 同②.

④ 孔祥斌. 耕地"非粮化"问题、成因及对策. 中国土地，2020（11）.

⑤ 2020年土地例行督察发现的耕地保护重大问题典型案例. （2021 - 05 - 31）. https：//www.mnr.gov.cn/dt/ywbb/202105/t20210531_2633812.html.

三、"十四五"时期耕地保护的行动目标与具体任务

"十四五"时期,我国要依据"三调"结果显示出的问题,科学优化空间开发保护格局,合理确定耕地保有量、永久基本农田、建设用地等空间管控指标①,坚决守住18亿亩耕地红线,采取"长牙齿"的措施,落实最严格的耕地保护制度。

(1)实行严格的土地用途控制。一是各地区应科学规划城镇、农业、生态等不同功能的用地空间,坚持集约节约用地制度,提高土地的利用效率,充分盘活和利用闲置土地与城镇低效用土地;二是严格落实耕地保护制度,其他各业用地应该尽量不占或少占耕地,如果必须占用耕地,应通过规划调整优先占用劣质耕地;三是地方政府应严格用地审查并坚决落实耕地占补平衡制度,严禁占优补劣、占水田补旱地。

(2)采取"长牙齿"的硬措施,落实最严格的耕地保护制度。我国的土地资源呈现出总量多、人均占有量少、优质耕地少、后备资源少的"一多三少"特征。国家耕地红线是经过科学测算以确保在突发自然灾害事件时保障国家粮食安全的最小值,为保障人民根本利益,必须严守18亿亩耕地红线不动摇。一是要进一步完善耕地保护责任目标省长负责制,因地制宜探索构建"田长制",实行党政同责、分级保护、逐级负责;二是要进一步压实地方责任,细化耕地保护责任的目标和考核要求,并且加大上级部门的考核力度,及时发现问题并予以解决;三是要强化科技支撑,运用先进的技术手段动态掌握耕地的变动情况,并对相关数据进行科学研

---

① 《中国自然资源报》报社.中央政治局会议解读耕地保护"查红线"、空间规划"定底线".辽宁自然资源,2021(5).

判，进而为相关政策的制定和耕地管理的进一步深化提供科学依据；四是要大范围开展耕地保护知识的宣传活动，提高各地区民众，尤其是耕地使用者对保护耕地必要性的认知以及将其转化为自觉的实际行动的积极性。

（3）坚决遏制耕地"非农化"，防止"非粮化"。首先，强化制度保障是遏制耕地"非农化"、防止"非粮化"的重要保障。《中华人民共和国土地管理法》规定，要严格限制农用地特别是耕地转为建设用地，同时要控制耕地转为林地、草地等其他农用地，严格执行耕地"占补平衡"制度。《国务院办公厅关于坚决制止耕地"非农化"行为的通知》提出六个严禁：严禁违规占用耕地绿化造林；严禁超标准建设绿色通道；严禁违规占用耕地挖湖造景；严禁占用永久基本农田扩大自然保护地；严禁违规占用耕地从事非农建设；严禁违法违规批地用地。《国务院办公厅关于防止耕地"非粮化"稳定粮食生产的意见》指明，要明确耕地利用优先序，耕地必须首先满足粮食和棉、油、糖、蔬菜等农产品生产，同时要严格落实粮食安全省长责任制，压实粮食生产责任，坚决遏制住耕地"非粮化"增量[①]。其次，要全面展开耕地保护检查。各地区应对其耕地及永久基本农田保护情况进行全面检查，摸清"土地家底"，在此基础上编制规划、研判问题、及时处理。

---

① 国务院办公厅关于防止耕地"非粮化"稳定粮食生产的意见.（2020－11－17）. http：//www. gov. cn/zhengce/content/2020－11/17/content＿5562053. htm.

| 第三节 |

推进高标准农田建设，提升农田耕作质量

一、"十三五"期间高标准农田建设的成就

建设高标准农田，是巩固和提高粮食生产能力、保障国家粮食安全的关键举措。习近平总书记做出指示：要建设高标准农田，真正实现旱涝保收、高产稳产[①]。2019 年 11 月，国务院办公厅印发《关于切实加强高标准农田建设提升国家粮食安全保障能力的意见》，明确今后一个时期全国高标准农田建设的指导思想、基本原则、目标任务和工作机制，为深入推进高标准农田建设创造了有利条件。"十三五"期间，国家不断拓宽资金筹措渠道和金额支持地方建设高标准农田，其中 2020 年共落实农田建设补助资金 867 亿元[②]。在政策强力推动和地方认真落实下，全国共建成 8 亿亩高标准农田的建设任务已全面完成，其中，2018 年新增高标准农田约8 200万亩、2019 年新增约 8 150 万亩、2020 年新增约 8 000 万亩。粮食主

---

① 习近平在中央农村工作会议上强调 坚持把解决好"三农"问题作为全党工作重中之重 促进农业高质高效乡村宜居宜业农民富裕富足. 人民日报，2020 - 12 - 30.
② 报告称我国农业绿色转型成效明显. （2022 - 06 - 25）. https：//baijiahao. baidu. com/s？id=1736603946357974335&wfr=spider&for=pc.

产省份是我国高标准农田建设的主力军，据统计，13 个粮食主产省份累计建成的高标准农田面积约占全国总量的 70％。此外，高标准农田的建设质量主要体现在产能提升和收入增长两个方面，据统计，高标准农田平均能够提高 10％～20％的粮食产能，亩均可增收约 500 元[①]。

二、高标准农田建设面临的挑战

各地区对高标准农田建设的重视和狠抓建设狠抓落实的决心使得各项目标任务全面完成，我国粮食安全更加有保障。但也要清醒认识到高标准农田建设工作中存在的一些问题。主要表现在资金和后期管护两个方面：首先，高标准农田建设的资金保障能力不足，部分省级财政投入不多，市县财政投入积极性不高，甚至有的省份县级财政投入为零。据统计，部分省份亩均投入标准不足 1 500 元，个别省份亩均投入低于 1 200 元[②]，偏低的投入标准降低了高标准农田的建设质量。其次，高标准农田存在重建设、轻管护现象，尚未建立起健全的建后管护机制。管护主体缺位、管护责任划分不明确以及管护资金缺失导致高标准农田建设的设施功能发挥受到影响，甚至部分项目区存在地块"非粮化"问题。

三、"十四五"时期高标准农田建设的行动目标与具体任务

所谓高标准农田，就是田成方、渠成网、旱能灌、涝能排、适宜机械化作业、抗灾能力强、能实现高产稳产的优质农田。"十四五"时期高标

---

① 农业现代化辉煌五年系列宣传之七：高标准农田建设迈上新台阶. (2021‐05‐17). http：//www. ghs. moa. gov. cn/ghgl/202105/t20210517_6367788. htm.

② 农业农村部办公厅关于 2020 年高标准农田建设综合评价结果的通报. (2021‐06‐25). ht-tp：//www. moa. gov. cn/ztzl/gdzlbhyjs/gbzntjs/202106/t20210625_6370327. htm.

准农田建设的目标是：2021 年建设 1 亿亩旱涝保收、高产稳产的高标准农田；到 2022 年建成 10 亿亩高标准农田，以此稳定保障 1 万亿斤以上粮食产能；到 2025 年建成 10.75 亿亩高标准农田，改造提升 1.05 亿亩高标准农田，以此稳定保障 1.1 万亿斤以上粮食产能①。为实现这一行动目标，高标准农田建设要注重数量和质量两个层面的提升。

（1）因地制宜规划高标准农田建设项目。首先，高标准农田建设要综合考量位置选取和产业布局。随着宅基地及"四荒地"等土地的综合整治和利用，更多的土地资源可以用于支持乡村产业发展和高标准农田建设，要通过土地流转等策略支持高标准农田的整理建设和适度规模化发展，促进高标准农田的集约经营程度，将高标准农田置于产业发展的大布局中进行系统性规划。其次，根据实际建设需要统筹安排项目资金，明确高标准农田的需求和建设重点，在保证基本补助的基础上进行差异化投资，从立地条件、经营模式、未来的土地利用方向等方面进行综合考虑，确保资金合理分配和效益最大化。

（2）建立健全高标准农田建设后期管护利用工作体系。首先，要坚决落实国务院关于遏制耕地"非农化"、防止耕地"非粮化"的有关要求，强化高标准农田用途管制，牢固树立高标准农田主要用于粮食生产的理念，加强对高标准农田的保护工作，为国家粮食安全提供坚实保障；其次，落实管护资金要坚持政府的主导地位，应提高中央和地方政府对粮食主产区的高标准农田建设投入力度，同时应探索多元化的管护资金筹措机

---

① 农业农村部关于印发《全国高标准农田建设规划（2021—2030 年）》的通知．（2021 - 09 - 16）．http：//www.moa.gov.cn/hd/zbft _ news/qggbzntjsgh/xgxw _ 28866/202109/t20210916 _ 6376566.htm.

制，调动集体经济组织、社会资本、生产经营主体、金融机构等主体参与管护的积极性，拓展管护资金的渠道；最后，充分利用"互联网＋"、遥感、智慧农业、航测等现代信息技术强化高标准农田管护监测体系，实时动态全过程采集农田、农作物生长等信息，利用大数据分析等手段及时发现问题、解决问题，为制定高标准农田建设的管理决策方案提供数据支撑，进行精细化管理，高效巩固高标准农田建设成果。

‖ 第四节 ‖

实施黑土地保护工程，加快加强地力恢复

一、"十三五"期间黑土地保护工程的成就

黑土是东北粮食生产能力的基石。守住"谷物基本自给、口粮绝对安全"的战略底线一定要重视黑土耕地质量的保护和提升。2020 年 7 月，习近平总书记在考察吉林时指出：东北是世界三大黑土区之一，是"黄金玉米带""大豆之乡"，黑土高产丰产，同时也面临着土地肥力透支的问题。一定要采取有效措施，保护好黑土地这一"耕地中的大熊猫"[①]。自实施黑土地保护利用工程以来，东北三省一区的耕地保护工作已取得明显成效。

---

① 充满希望的田野 大有可为的热土：习近平总书记考察吉林纪实．人民日报，2020 – 07 – 26.

自"十二五"以来，东北地区共建成 17 987 万亩高标准农田，其中包括 8 735 万亩典型黑土区①。"十三五"期间，东北地区黑土地质量得到明显提升，具体体现在以下四个方面：一是耕地质量提升 0.29 等级；二是治理水土流失面积 1.5 万平方公里以上；三是实施黑土地保护利用试点 1 050 万亩、保护性耕作面积 4 606 万亩、深松整地 3.11 亿亩次、秸秆还田 3.8 亿亩次；四是探索形成了"梨树模式""龙江模式""中南模式"等一批有效的黑土地治理模式②。

二、黑土地保护工程面临的挑战

值得注意的是，黑土耕地"薄、瘦、硬"问题依然严峻，退化趋势并未得到有效遏制，仍需进一步明晰问题，精准施策。黑土地保护工程面临的主要挑战在于以下四个方面：第一，黑土区依然存在较为严重的土壤侵蚀问题，长坡耕地等汇水面积较大的区域容易遭受水蚀，松嫩平原等区域的农牧交错带因干旱少雨多风，容易形成风蚀问题。第二，黑土区的农田基础设施建设依然无法满足发展需求，部分地区存在水利设施建设不足、电网路网无法配套、机耕道路不通畅使得无法使用现代农业机械作业等问题③。第三，农户因经营面积小或认知局限性等原因对黑土地保护利用工作的参与程度不高。对吉林黑土区农户进行的一项小范围调研发现，34.2% 的被访农户不知道相关保护条例，半数以上的被访农户并不清楚黑

---

① 农业农村部 国家发展和改革委员会 财政部 水利部 科学技术部 中国科学院 国家林业和草原局 关于印发《国家黑土地保护工程实施方案（2021—2025 年）》的通知. (2021 - 07 - 29). http：//www.ntjss.moa.gov.cn/zcfb/202107/t20210729_6373118.htm.

②③ 同①.

土地保护的责任主体和主管部门①。第四，黑土区保护的科技支撑能力依然较弱，虽然很多地区已经总结出一批有成果、可推广的保护模式，但不同地区面临的气候条件、土壤类型、作物品种等均不一致，相关的技术模式开发依然不足，农机农艺依然存在脱节问题；此外，农户的先进技术和设备使用率依然较低，这主要是因为农户没有渠道和能力掌握相关信息，并且基层农业推广人员也缺乏足够的专业知识去宣传和引领农户使用先进设备和技术。

三、"十四五"时期黑土地保护工程的行动目标与具体任务

"十四五"时期，黑土地保护工程的行动目标是：到 2025 年实施黑土耕地保护利用面积 1 亿亩，黑土地保护区耕地质量明显提升，有效遏制黑土耕地"变薄、变瘦、变硬"退化趋势，防治水土流失，基本构建形成持续推进黑土地保护利用的长效机制②。

（1）建立和完善黑土耕地质量监测和评价体系。黑土地的高效保护利用必须依托完善的耕地质量评价指标体系和监测制度压实相关部门和人员责任，明确保护利用工作的阶段性目标。首先，评价指标体系的建立必须遵循全面、科学、精细、可量化的原则，使不同地区明确本区域问题所在并有针对性地进行改进。其次，根据《国家黑土地保护工程实施方案（2021—2025 年）》，各地区要依据不同土壤类型合理布设耕地质量长期定位监测站点和调查监测点，并探索运用遥感监测等现代信息化手段对黑土

---

① 崔佳慧. 吉林省黑土地保护利用工作现状及发展对策. 现代农业科技，2021（14）.
② 农业农村部 国家发展和改革委员会 财政部 水利部 科学技术部 中国科学院 国家林业和草原局关于印发《国家黑土地保护工程实施方案（2021—2025 年）》的通知.（2021 - 07 - 29）. http://www.ntjss.moa.gov.cn/zcfb/202107/t20210729_6373118.htm.

地的耕地质量进行长期监测和趋势分析。

（2）采取更加全面科学的防治措施解决黑土区的土壤侵蚀问题。不同区域的黑土地面临不同类型的土壤侵蚀问题，要明确原因，精准施策。例如，对于存在水蚀问题的区域，主要解决手段是建设截水、排水、引水等设施，同时通过修建植物防冲带或梯田等截留水源；对于存在风蚀问题的区域，要构建农田林网的立体化防护体系，同时要改变传统的粗放型耕作模式，在适宜地区推广保护性耕作；对于已经形成的侵蚀沟等，要通过截、蓄、导、排等工程和生物措施进行综合治理，尽可能修复耕地。

（3）加强农田基础设施建设，为黑土区实施保护性耕作提供基础条件。首先，为了推进田地"宜机化"作业，各地政府应根据本地区地形特点、资金投入等制定科学合理的田间道路建设计划，设计一系列关于硬化程度、路面宽度、路网密度、电网附属设施等的标准要求，尽快筹划机耕路、生产路等的建设，使农业机械的田间道路作业更加便捷。其次，为了合理利用水资源，降低渍涝等自然风险损害，要重视农田水利基础设施建设，科学规划水利建设方案并实施，同时将现有的规模较小、标准较低的灌排等水利设施进行升级改造。最后，要持续推进土地平整计划，按照高标准农田建设要求，将不规则地块修整成条或成块，为农业规模化和机械化发展奠定基础。

（4）提高农户参与保护性耕作的意愿。首先，通过完善各种黑土地补贴政策覆盖农户进行保护性耕作所增加的成本和遭受的损失，使其收入保持不降低或上升，进而提高其进行耕地保护的积极性和动力。其次，加强黑土地保护性耕作重要性和必要性的宣传，帮助农户树立正确的生态经济理念，提高其保护性耕作的采纳意愿；同时应通过开展培训让农户了解并掌握新技术，提高其保护性耕作的应用能力；特别地，应支持鼓励家庭农场、专业大户等新型农业经营主体率先开展保护性耕作，发挥其示范带动作用，降低农户的风险预期，进而提高其保护性耕作技术的应用意愿。

<h2 style="text-align:center">第五节</h2>

推进农田水利建设，筑牢农业生产基础

一、"十三五"期间农田水利建设的成就

水是农业的命脉，但由于我国南北方在气候条件方面存在巨大差异，使得水资源存在严重的时空分配不均等问题，南方洪涝、北方旱灾的情况时有发生，对农业生产和农民生活都造成严重损失。水利工程建设能够运用现代物质技术装备弥补部分地区水土资源分配不均的问题。农田水利基础设施水平的提高，一方面能够改善粮食生产条件，从而提高农业生产效率、保证农业增产增收；另一方面，与其配套发展和推广的节水灌溉技术能够提高水土资源的利用效率、缓解水资源供需矛盾。"十三五"期间，我国农田水利建设取得长足进步。首先，共完成 329 处大型灌区、52 处中型灌区的节水改造工程建设；累计新增和恢复有效灌溉面积 670 多万亩，改善灌溉面积 9 000 多万亩，新增粮食生产近 500 万吨，新增节水能力近

100 亿立方米①。其次，每年发展高效节水灌溉 2 000 万亩以上，截至 2020 年底，全国高效节水灌溉面积达到 3.5 亿亩②。最后，在全国各地推进农业水价综合改革，2018—2020 年累计安排 45 亿元水利发展资金支持探索建立农业用水精准补贴和节水奖励机制③；截至 2020 年底，全国累计实施农业水价综合改革面积 4.3 亿亩，其中 2020 年新增 1.3 亿亩以上④。

二、农田水利建设面临的挑战

农田水利建设依然存在一些问题使得农业用水保障效果被打折扣。首先，农田水利基础设施质量不高、配套设施不完善，存在老化失修等问题。据统计，全国小型农田水利工程完好率平均不到 50%，大型灌排泵站设备完好率不足 60%，大中型灌区中有 60% 工程设施不配套⑤，这将导致水资源利用率无法达到预期标准，造成效率损失。其次，农田水利工程后续管护体系尚不完善，存在制度不全、权责不清、标准不明、管护人员不足且能力有限等问题，使得水利工程建设难以发挥其真正效用。据统计，仅有 35% 的大中型灌区能够落实维修养护经费，80% 的灌区缺乏年度维修养护计划，50% 的灌区未建立水利工程管理制度和标准体系⑥。最后，农民作为农田水利基础设施的使用主体和农田节水灌溉的直接参与者，受限于教育水平等因素，难以形成对节水灌溉等技术的充分认知，不愿意接受

---

① 农业现代化辉煌五年系列宣传之二十三：大力推进农业节水 保障国家粮食安全. (2021 - 07 - 13). http：//www.ghs.moa.gn.cn/ghgl/202107/t20210713_6371688.htm.

② 截至 2020 年底，我国节水灌溉面积达到 5.67 亿亩. (2021 - 07 - 04). https：// baijiahao.baidu.com/s? id=1704346416666108595&wfr=spider&for=pc.

③ 同①.

④ 关于深入推进农业水价综合改革的通知. (2021 - 10 - 17). https：//www.ndrc.gov.cn/ xxgk/zcfb/tz/202107/t20210716_1290564.html? code=&state=123.

⑤⑥ 同①.

相关的制度约束和监管机制，存在参与积极性不高等问题①。

三、"十四五"时期农田水利建设的行动目标与具体任务

加强农田水利建设、推进农业节水是实施"藏粮于地、藏粮于技"战略的重要举措。并且，随着全球变暖，各种极端气候的出现愈加频繁，水利工程承担的任务更加繁重。"十四五"时期，我国农田水利建设的行动目标是：新增高效节水灌溉面积 0.6 亿亩②；将农田灌溉水有效利用系数提高至 0.58；万亩以上灌区的灌溉面积达到 5.14 亿亩；基本完成农业水价综合改革任务③。

（1）持续推进农田水利基础设施建设和完善。各地区水利工程建设部门应在充分了解本区域水利资源现状、水利工程项目分布、地形地貌、农业生产需求、长远发展目标等基本情况的基础上因地制宜做出水利工程建设规划，制定建设标准，着力于构建大中小微相结合、骨干和田间衔接、长期发挥效益的农村水利基础设施网络，同时重视配套工程的建设完善，使水利工程能够尽快发挥应有效益，满足农民生产生活需求。

（2）强化农田水利建设管理体制机制建设。首先，应建设并完善农田水利工程监管体系，通过科学制定评价指标体系、评估考核机制等方式明确责任人和工作职责，使监管制度落到实处，提高水利工程项目建设质量和效率。其次，建立权责清晰、标准明确、运转顺畅的水利工程项目管护

---

① 金鹏宇. 农田水利节水灌溉工程建设管理中存在的问题及对策. 农家参谋，2020 (2).
② 国务院关于印发"十四五"推进农业农村现代化规划的通知. (2022-02-11). http://www.gov.cn/zhengce/zhengceku/2022-02/11/content_5673082.htm.
③ "十四五"水安全保障规划. (2022-01-11). http://www.mwr.gov.cn/zwgk/gknr/202201/t20220111_1559199.html.

体系，强调管理的科学性、规范性和精细化。最后，落实和强化水利工程日常管护工作，加强水利管护工作人员的职业技能培训，使其能够有效发现并及时解决工程运行过程中的技术性障碍，提高管护工作的专业性和科学性。

（3）提高农民节水灌溉主体意识和参与意愿。首先，通过农村水利工程产权制度与管理体系改革等方式将农民群众的利益与水利工程项目紧密联结，例如云南省楚雄州元谋县探索三权改革模式，通过建立专业的用水合作社将高效节水建设项目区的初始水权分配至村、户及合作社中，社员可以通过股份认购方式获取合作社股权，从而共享农村水利产业发展收益[①]，提高其主体意识。其次，基层工作人员应通过宣传、培训等方式提高农民对水利工程项目的认知，打破知识壁垒，使其充分了解到节水灌溉的经济效益和生态效益，提高参与意愿。

| 第六节 |

推动农业机械化，使农业生产步入"快车道"

一、"十三五"期间农业机械化的成就

农业机械化和农机装备是转变农业发展方式、提高农村生产力的重要

---

① 金鹏宇. 农田水利节水灌溉工程建设管理中存在的问题及对策. 农家参谋，2020（2）.

基础，是实施乡村振兴战略的重要支撑①。2018 年《国务院关于加快推进农业机械化和农机装备产业转型升级的指导意见》提出，要以农机农艺融合、机械化信息化融合、农机服务模式与农业适度规模经营相适应、机械化生产与农田建设相适应为路径，推动农机装备产业向高质量发展转型，推动农业机械化向全程全面高质高效升级，走出一条中国特色农业机械化发展道路。"十三五"期间，我国农业机械化取得了显著成绩，农业生产进入了机械化为主导的新阶段。首先，农机装备总量持续增长，截至 2019 年底，全国农机总量近 2 亿台套，总动力达到 10.28 亿千瓦，较"十二五"末提高 13.9％；其次，2020 年全国农作物耕种收综合机械化率达到 71％，机械化水平跨上新台阶②；最后，农机社会化服务能力显著增强，截至 2019 年，全国农机户总数达到 4 074 万个，农机化服务组织达到 19.22 万个，有力推进小农户与现代农业发展的有机衔接③。

二、农业机械化面临的挑战

农业机械化发展不平衡不充分问题仍比较突出。首先，农机科技创新能力弱，部分农机装备有效供给不足；其次，丘陵地区受自然条件限制，机耕道路缺乏、适用机具不多，导致农机"下田难""作业难"问题明显；最后，农机社会化服务供给数量少、层次低，农机农艺融合不紧密。

---

① 国务院关于加快推进农业机械化和农机装备产业转型升级的指导意见. (2018-12-29). http：//www.gov.cn/zhengce/content/2018-12/29/content_5353308.htm.

② 农业现代化成就辉煌 全面小康社会根基夯实. (2021-05-10). http：//www.moa.gov.cn/xw/zxfb/202105/t20210510_6367489.htm? ivk_sa=1024320u.

③ 农业现代化辉煌五年系列宣传之九：我国农业机械化加快向全程全面高质高效转型升级. (2021-05-19). http：//www.ghs.moa.gov.cn/ghgl/202105/t20210519_6367979.htm.

三、"十四五"时期农业机械化的行动目标与具体任务

"十四五"时期，农业农村现代化开启新的征程，面临农业劳动力数量持续走低和粮食需求日益增加的现状，在更高水平上推动农业机械化转型发展具有必要性。这一时期农业机械化的行动目标是：到 2025 年，农作物耕种收综合机械化率达到 75％，粮棉油糖主产县（市、区）基本实现农业机械化，丘陵山区县（市、区）农作物耕种收综合机械化率达到 55％；农机装备品类基本齐全，重点农机产品和关键零部件实现协同发展，产品质量可靠性达到国际先进水平，产品和技术供给基本满足需要，农机装备产业迈入高质量发展阶段；全国农机总动力稳定在 11 亿千瓦左右，其中灌排机械动力达到 1.3 亿千瓦，农机具配置结构趋于合理，农机作业条件显著改善，覆盖农业产前产中产后的农机社会化服务体系基本建立，农机使用效率显著提升，农业机械化进入全程全面高质高效发展时期①。

（1）加强大中型、智能化、复合型农业机械研发应用。新型农业经营主体的兴起与农业适度规模化经营的发展对农业机械化提出更高的要求，农业生产经营者对大中型、智能化、复合型的农业机械需求日益增长。一方面，应通过政策引领等方式支持以企业、高校和科研机构为核心的农机设备研发主体构建协同运行的研究体系，针对现代农业的生产需求进行研究和创新；另一方面，要持续强化农机推广服务工作，通过与新型农业经营主体、科技特派员等基层推广队伍建立密切联系并开展技术合作，使农

---

① 国务院关于加快推进农业机械化和农机装备产业转型升级的指导意见. (2018 - 12 - 29). http://www.gov.cn/zhengce/content/2018 - 12/29/content_5353308.htm.

业生产经营人员能够充分认识到农业机械的适用性和经济效应，从而有效发挥农业机械化发展实效，提高农业生产效率。

（2）加快补齐丘陵山区农业机械化基础条件薄弱的短板。一是要准确认识到丘陵山区农业机械化的阻碍因素在于田地多为坡地或山地、呈不规则形态、面积较小且地块较为分散、田间道路不通畅等，因此要对农田进行"宜机化"改造，在统一规划的基础上将小田合并为大块田地、将坡地山地进行平整化、将不规则农田改造为方形田地，并加强丘陵山区机耕道等农业基础设施建设，实现互联互通，改善农机作业条件。二是鉴于丘陵山区农机设备研发专用性强、经济效益较低等原因，政府应通过资金奖补、税收减免等方式鼓励引导企业针对丘陵、高原、山地等特殊地形地貌以及该地区农业生产的特殊需求进行定向研发，因地制宜制造出一批操作简便、适应能力强的小型轻简农业机械装备，降低丘陵山区农民的劳动强度。

（3）提高基层农机推广队伍和服务组织的专业能力和职业素养。首先，基层推广人员必须掌握专业技术。一是要掌握农机知识，明确各种农机具的特性、操作方法、维修方式等；二是要熟悉基层推广方式，使农户正确认识并接受农业机械的优势，提高推广效率；三是要了解农业机械市场，为农户提供适用性强且价格可接受的农机购买方案。其次，新型农业经营主体是现阶段从事农机服务的主要力量，政府应通过补贴等方式适度扩大其农机服务规模，并鼓励其加强农业托管、订单作业等农机服务方式的创新，为生产规模较小的农户或从事兼业经营的农户提供高效便捷的服务，降低其劳动强度，提高其经济效益。

推动种子革命向前，打好种业翻身仗

一、"十三五"期间种子革命的成就

种子是农业的芯片，处于农业整个产业链的源头。要实现农业的自立自强和高质量发展，离不开良种的自主培育和研发。习近平总书记 2022 年在海南考察时做出重要指示，中国人的饭碗要牢牢端在自己手中，就必须把种子牢牢攥在自己手里①。种业的发展要构建以市场为导向、以企业为主体、产学研相协同的中国特色种业创新体系，充分发挥其在保障粮食安全和重要农产品有效供给方面的重要作用。"十三五"期间，我国种质资源基础不断拓宽，育种创新能力不断增强，良种基地生产能力显著上升。具体体现在：主要农作物的自主选育品种种植面积占 95％以上，基本实现全覆盖，真正做到"中国粮主要用中国种"；畜禽、水产的核心种源自给率分别达到了 75％和 85％，为重要农副产品的稳产保供提供了关键的保障和支撑②；海南南繁科研育种基地等种子种苗、种畜禽基地建设也

---

① 攥紧中国种 端稳中国饭碗. (2022 - 04 - 18). http：//news. hnr. cn/plhhc/article/1/1515518734451814402.

② 关于当前我国种业形势以及打好种业翻身仗相关情况介绍. (2021 - 02 - 22). http：//www. moa. gov. cn/hd/zbft_news/xczxnyncxdh/xgxw/202102/t20210222_6361930. htm.

为种业创新提供强有力保障，杂交玉米、杂交水稻制种产量分别达到全国的 85% 和 75% 以上，畜禽养殖用种也能够辐射全国 75% 以上。

二、种子革命面临的挑战

我国种业仍处于现代化发展的初期阶段，与发达国家相比仍有较大差距，"卡脖子"问题未得到根本解决。第一，不同品种的种质发展水平有较大差距，比如大豆、玉米的单产水平不足美国的 60%，生猪、奶牛等畜牧业的优良种源大多仍依赖进口，与国际先进水平差距较大。第二，种质资源的保护利用程度依旧不够，仍存在珍惜种质资源丧失风险加剧、开发利用不足等问题。第三，种业的自主创新能力依然较弱，特别是在基础理论和关键核心技术方面与国际种业研发主体相比竞争力不强。

三、"十四五"时期推动种子革命向前的行动目标与具体任务

"十四五"时期，我国要抓住世界范围内现代生物育种科技革命的机遇，以建设现代种业强国为目标，把种业摆在推进农业农村现代化的先导环节和核心位置，加快创新，打好种业翻身仗。具体行动目标是：到 2025年，农业种质资源保护体系进一步完善，收集保存、鉴定评价、分发共享能力大幅度提高；打造一批育种创新平台，选育推广一批种养业新品种，育种创新能力达到先进水平；初步建立适合现代种业发展要求的测试评价体系；建成一批现代化种养业良种生产基地，形成保、育、测、繁分工合作、紧密衔接的现代种业发展格局①。

---

① 国家发展改革委 农业农村部联合印发规划部署"十四五"现代种业提升工程建设工作. (2021-08-13). http://www.gov.cn/xinwen/2021-08/13/content_5631037.htm.

（1）加强种质资源保护利用和种子库建设，确保种源安全。要清楚认识到农业种质资源作为国家战略性资源和现代种业发展物质基础的重要地位，构建多层次收集保护、多元化开发利用、多渠道政策支持的种质资源保护利用格局，建好国家种质资源库，保证珍稀、濒危的种质资源和地方特色品种不丧失。高校、科研院所和种业企业作为开展种业创新的主体，要搭建全国性、专业化的种质资源鉴定评价和交流平台，联合开展优异种质资源创制和应用工作，提升种业竞争力。要加强对外合作交流，合法有序引进境外优质种质资源，为种业研发工作提供新思路。

（2）加强农业良种技术攻关，有序推进生物育种产业化应用。种业存在"卡脖子"问题的最重要原因依然在于我国种业的自主创新能力不高。种业发展的关键在于将核心技术牢牢掌握在自己手中，并提高技术的国际竞争力。高校、科研院所和种业企业等种业创新主体要围绕重点农作物和畜禽，启动实施农业种源关键核心技术攻关，实施新一轮的畜禽遗传改良计划和现代种业提升工程。同时，要加快高产、绿色、适宜机械化的优质种质资源的研发与推广，使种业科技能够更快速地转化为农业生产力。

（3）注重培育具有国际竞争力的种业龙头企业。种业企业作为集研发、推广、应用为一体的市场化主体，是实现种业振兴的关键一环。一是要根据技术优势、资源分布等因素遴选一批重点种业企业进行培育和扶持，促进其规模化发展，形成产业集聚优势。二是要为种业企业发展创造良好的制度环境。《"十四五"推进农业农村现代化规划》提出，要强化种业市场监管。严格品种管理，建立品种"身份证"制度；强化育种领域知识产权保护，强化行政与司法协同保护机制，严厉打击假冒伪劣、套牌侵权等违法犯罪行为；健全种畜禽、水产苗种监管制度和技术标准①。三是要促进产学研相结合、育繁推一体化，通过合作社等农业社会化服务组织将先进适用的品种导入农业生产经营主体，实现科技成果的迅速转化，有效提高农业生产效率。

| 第八节 |

强化农业科技与服务，引领现代化农业发展

一、"十三五"期间农业科技与服务的发展成就

农业现代化关键在科技进步和创新。习近平总书记 2019 年 9 月给全国涉农高校的书记校长和专家代表回信时强调：中国现代化离不开农业农村现代化，农业农村现代化关键在科技、在人才②。"十三五"期间，农业部印发《"十三五"农业科技发展规划》，提出农业科技发展的重点工作应围绕解决农产品生产效率、质量安全和环境可持续发展等问题，致力于实现农业发展由依托资源要素投入向依托科技进步转变③。农业科技进步贡

---

① 国务院关于印发"十四五"推进农业农村现代化规划的通知. (2022 - 02 - 11). http：//www. gov. cn/zhengce/content/2022 - 02/11/content _ 5673082. htm.

② 习近平回信寄语全国涉农高校广大师生 以立德树人为根本 以强农兴农为己任. 人民日报，2019 - 09 - 07.

③ 农业部关于印发《"十三五"农业科技发展规划》的通知. (2019 - 04 - 18). http：//www. kjs. moa. gov. cn/gzdt/201904/t20190418 _ 6184682. htm.

献率由 2015 年的 56％增至 2020 年的 60％，年均提升 0.8 个百分点①。同时，为促进农业科技转化，使之真正成为农业发展的动力源泉，我国继续深入推进科技特派员制度，强化农业科技服务体系建设。截至 2020 年底，全国共有几十万名科技特派员活跃在农业农村生产一线，共领办创办 1.15 万家企业或合作社，平均每年转化示范 2.62 万项先进技术，直接服务于 6 500 万农民，有效带领农民群众脱贫致富②。

二、农业科技与服务面临的挑战

第六次国家技术预测结果显示，在农业农村领域，目前我国有 10％的技术处于国际领跑地位，处于并跑和跟跑阶段的技术分别占 39％和 51％，与发达国家相比，总体仍然处于"少数领跑、多数并跑和跟跑"的格局③。农业科技转化率为 30％～40％，仅为欧美等发达国家的一半④。这表明，我国农业科技的自主创新能力和国际竞争力仍需进一步提升，农村科技人才引入和培养问题也须引起更大重视。此外，随着畜禽业规模化养殖的普及，动物防疫也是农业科技领域亟须解决的问题之一；由于极端气候频发，农作物病虫害防治技术的研发和气象监测服务水平的提升同样需要得到重视。

---

① 农业现代化辉煌五年系列宣传之六：加强农业关键核心技术攻关 科技创新支撑引领农业农村现代化. (2021-05-14). http://www.ghs.moa.gov.cn/ghgl/202105/t20210514_6367690.htm.

② 对十三届全国人大四次会议第 7546 号建议的答复. (2021-07-06). http://www.agri.cn/V20/ZX/tzgg_1/tz/202107/t20210706_7722391.htm.

③ 同①.

④ 中国农业科技转化率只有 30％到 40％ 阿里巴巴出手了！. (2020-10-22). https://baijia-hao.baidu.com/s? id=1681233110328854433&wfr=spider&for=pc.

三、"十四五"时期农业科技与服务发展的行动目标与具体任务

"十四五"时期，我国农业科技与服务发展的目标是：坚持农业科技自立自强，推进关键核心技术攻关，到 2025 年农业科技进步贡献率达到 64％；依托新一轮科技革命，使生物技术、信息技术等加快向农业各领域渗透，通过农业企业和社会化服务组织等的引领带动实现农户层面的科技进步，壮大科技特派员和特聘农技员队伍，建设 200 个国家现代农业科技示范展示基地、5 000 个区域农业科技示范基地，培育一批农业科技服务公司[①]。

（1）完善农业科技创新体系，创新农技推广服务方式，建设智慧农业。首先，加大对农业科研院所、涉农高校、农业龙头企业的资金投入和政策扶持力度，聚焦生物育种、耕地质量、机械设备、绿色生产等重点领域加快研发和创新关键技术及产品，推进产学研一体化建设，提高科技进步贡献率和成果转化率。其次，在继续深化科技特派员制度和依托农业企业与社会化服务组织引领带动农业科技落地的基础上，充分运用大数据信息化手段，弥补农村基层科技力量不足和科技服务缺位等问题，为农户提供个性化、方便快捷的专业信息咨询，及时收集基层农业经营主体的反馈和需求，破解科技与生产脱节难题，使农业科技成果更快更好地转化为现实生产力[②]。最后，紧跟世界智慧农业科技发展趋势，建设农业新型信息

---

① 国务院关于印发"十四五"推进农业农村现代化规划的通知. (2022 - 02 - 11). http：// www. gov. cn/zhengce/content/2022 - 02/11/content _ 5673082. htm.

② 刘敏，张钰欣，张珂伦，等. 大数据背景下农业科技信息传递联动机制与对策研究. 情报科学，2019 (1).

基础设施体系，推进生产数字化转型，发展农业智能农机装备，梯次推进智慧农业发展。

（2）加强动物防疫和农作物病虫害防治。对于动物防疫工作，《国务院办公厅关于促进畜牧业高质量发展的意见》提出要"坚持防疫优先"的基本原则，并从落实动物防疫主体责任、提升动物疫病防控能力、建立健全分区防控制度、提高动物防疫监管服务能力等四个方面对建立健全动物防疫体系提出了明确要求①。同时，做好动物防疫工作要着力构建规模化、专业化养殖体系，优化畜牧业产业结构，改变以往散户养殖、卫生环境差、品质难以保障等问题。对于农作物病虫害防治工作，实行"预防为主、综合防治"方针②：一是要完善农作物病虫害实时监测体系，确保在灾害发生前或者灾害发生的第一时间发现、公布并启动应急预案；二是要联合有关院校、农业企业、合作社等依法推广绿色防控技术体系，综合运用物理、生物防治技术，以更安全、更低成本的方式进行病虫害防治。

（3）强化农业气象服务。一方面，利用数字信息化技术的快速发展和应用，拓宽气象服务渠道，保证农民群众及时准确获取气象信息；另一方面，推进技术和设备革新，广泛采用多样化信息技术与仪器设备，提高气象预测和灾难预警服务的准确性与及时性，为农业生产活动提供保障。

---

① 国务院办公厅关于促进畜牧业高质量发展的意见.（2020 - 09 - 27）. http：//www.gov.cn/zhengce/content/2020 - 09/27/content_5547612.htm.

② 农作物病虫害防治条例.（2020 - 04 - 02）. http：//www.gov.cn/zhengce/content/2020 - 04/02/content_5498241.htm.

第二章

深化农业结构调整

2014 年以来，中国主要农产品的产量、进口、库存连年增长，但物质成本、人工成本、土地成本持续走高，过高的农业生产成本导致农民增收困难，生产补贴政策的发力引发价格倒挂，进一步诱导了进口增加，导致大量库存堆积①。为了应对以上问题带来的风险，"十三五"期间，我国提出了农业供给侧结构性改革，改革的重点是"去库存、降成本、补短板"。具体来说：一是加快消化过大的农产品库存量，加快粮食加工转化。二是通过发展适度规模经营、减少化肥农药不合理使用、开展社会化服务等，降低生产成本，提高农业效益和竞争力。三是加强农业基础设施等农业供给的薄弱环节，增加市场紧缺农产品的生产。农业供给侧结构性改革实施以来，我国农业生产水平稳定发展，农业生产结构逐步优化，综合产能稳步提升，科技支撑显著增强，农业经营方式也在不断完善。

然而，目前我国农业发展仍然面临多重制约与挑战。一是农业生产布局有待优化，目前我国农产品供求关系总体呈紧平衡②。在总量增加的同时，供给端的调整慢于需求端的变化，主粮生产数量基本能够自给，但部分优质、专用品种需要进口调剂。未来随着人口增加和消费结构升级，农产品品种和品质结构矛盾将日益凸显。二是粮食产后社会化服务不健全，绿色优质粮油供给不足，粮食产品低端"大路货"多、高端精品少等问题突出，从田间到餐桌的粮食质量安全保障体系尚未建立，成为制约粮食产业发展的短板。三是耕地质量退化面积较大，抗风险能力较弱，资源环境

---

① 罗必良. 农业供给侧改革的关键、难点与方向. 农村经济，2017 (1).
② 农业现代化辉煌五年系列宣传之二：守住粮食安全底线 端牢中国人的饭碗. (2021 - 05 - 10).
http://www.ghs.moa.gov.cn/ghgl/202105/t20210510_6367497.htm.

刚性约束趋紧，农业面源污染仍然突出。四是部分生产经营者质量安全意识还不强，基层监管能力相对偏弱。五是示范区建设积极性不足，农业产业化带动能力不强，农业产业发展水平仍然不高，金融用地支持力度不够。

针对以上问题，"十四五"规划提出要"深化农业结构调整"，农业结构调整是加速实现乡村振兴的主要引擎，在新的历史时期，进一步调整优化农业结构也是在高起点上的主动作为、主动调优。深化农业结构调整，首要问题是总量与质量之间的平衡，需要优化农业生产布局，建设优势农产品产业带和特色农产品优势区。推进粮经饲统筹、农林牧渔协调，优化种植业结构，大力发展现代畜牧业，促进水产生态健康养殖。积极发展设施农业，因地制宜发展林果业。为了解决农产品品种品质与居民消费结构升级之间不匹配的问题，需要深入推进优质粮食工程。推进农业绿色转型，加强产地环境保护治理，发展节水农业和旱作农业，深入实施农药化肥减量行动，治理农膜污染，提升农膜回收利用率，推进秸秆综合利用和畜禽粪污资源化利用，完善绿色农业标准体系，加强绿色食品、有机农产品和地理标志农产品认证管理。强化全过程农产品质量安全监管，健全追溯体系。为了增加农产品附加价值，延长农业产业链，需要建设现代农业产业园区和农业现代化示范区，实施好农产品仓储保鲜冷链物流设施建设工程，加快推进农产品产地市场体系建设，开展多种形式线上线下相结合的产销对接活动，着力提升特色农产品产地商品化处理和流通能力。

| 第一节 |

优化农业生产布局

一、"十三五"期间农业生产布局的基本情况

"十三五"期间，我国粮食作物和经济作物生产布局不断调整。主要粮食作物种植面积占比有所下降，经济作物种植面积占比有所上升。在粮食作物内部，谷物种植面积占比下降，其中，除了玉米种植面积占比有所增加外，其他类别谷物种植面积占比均有所下降。在经济作物内部，油料作物、棉花、麻类、糖类、烟叶、其他农作物种植面积占比下降，药材、蔬菜、瓜类种植面积占比有所上升。具体来看，粮食作物的生产布局越来越向粮食主产区集聚，粮食生产区的种植面积和产量均有所提高，其稳产增产的作用日益显现。经济作物方面，虽然很多类别经济作物的种植面积占比有所下降，但总体来看，经济作物种植面积占比呈上升趋势，主要是蔬菜、瓜类等种植面积占比上升势头强劲。而在产量上，主要经济作物产量总体仍保持较高水平。

过去十年，我国农业内部的农林畜牧渔生产布局不断调整，虽然种植业和养殖业生产布局结构发生了一些变化，但农业产量仍保持稳定增长，主要表现为：粮食产量增长稳定，油料、糖料和蔬菜等经济作物产量增长较快，棉花产量下降，木材产量先增长再下降，肉类产量增多降少，水产品产量增

长稳定。这表明,我国农业种养结构调整正向协调性增强方向推进。

从总量上看,我国粮食连年丰收,供给总量显著增加,农产品总量供需基本平衡。从农产品细分结构上看,农产品供需之间结构性矛盾仍然存在。随着城乡居民生活由温饱向小康迈进,居民消费结构发生了很大变化,对优质农产品的需求明显上升,同时需求表现出多样化的特点。但由于农业供给端没有很好适应居民需求的变化,农产品品种和品质供需结构矛盾日益凸显。面对这种市场需求的变化,迫切要求农业结构转型升级。

二、"十四五"时期如何优化农业生产布局

优化农业生产布局,需要在保证国家粮食安全的基础上提升其他重要农产品有效供给[①]。在保证国家粮食安全方面,需要稳步推进粮食生产功能区建设,建设重要农产品生产保护区,加强特色农产品优势区建设,发展现代畜牧业,加快渔业转型升级,促进果菜茶多样化发展。

稳步推进粮食生产功能区建设,建设水稻、小麦、玉米等主粮生产功能区。其中,水稻生产功能区建设以东北平原、长江流域、东南沿海地区为重点;小麦生产功能区建设以黄淮海地区、长江中下游、西北及西南地区为重点;玉米生产功能区建设以东北平原、黄淮海地区以及汾河和渭河流域为重点。加大对粮食生产功能区的政策及农业资金支持力度,引导粮食生产功能区内的农户种植目标作物。针对产粮大县以及基础条件良好的粮食生产区域,打造生产基础稳固、产业链条完善、集聚集群融合、绿色优质高效的国家粮食安全产业带。

---

① 国务院关于印发"十四五"推进农业农村现代化规划的通知. (2022 - 02 - 11). http://www.gov.cn/zhengce/content/2022 - 02/11/content_5673082. htm.

建设重要农产品生产保护区，加强大豆、棉花、花生、油料作物生产保护区建设。其中，大豆生产保护区以东北地区为重点、黄淮海地区为补充，提升大豆综合生产能力。棉花生产保护区以新疆为重点、以长江和黄河流域的沿海沿江环湖地区为补充。针对黄淮海地区，积极推进花生生产。针对长江流域，稳步扩大油菜生产保护区种植面积，提升长江中下游地区油茶生产。针对西北地区，推动其油葵、芝麻、胡麻等油料作物发展。巩固提升广西、云南糖料蔗生产保护区产能。加强海南、云南、广东天然橡胶生产保护区胶园建设。在全国范围内，根据当地气候及土地资源情况，建立起一批高质量农产品生产保护区，保障国家粮食安全。

加强特色农产品优势区建设，完善特色农产品优势区体系。针对全国不同地区的特色农产品优势区，强化其农产品品牌建设与产品营销，建设特色农产品标准化生产、加工和仓储物流基地，规范化培育特色农产品优势产业带。立足区域资源禀赋，以经济效益为中心，以农民增收为目的，坚持市场导向、标准引领、品牌号召、主体作为、地方主抓的原则，以发展特色鲜明、优势集聚、产业融合、市场竞争力强的农业产业为重点，打造"中国第一，世界有名"的特色农产品优势区[①]。

发展现代畜牧业，推进生猪、牛羊、乳制品与饲草料专业化生产。推进生猪标准化规模养殖，大力发展草食畜牧业，实施牛羊发展五年行动计划，优化乳制品产品结构，推进饲草料专业化生产，加强良种培育与推广，提升畜牧业机械化水平，在发展适度规模经营的同时扶持中小养殖户

---

① 农业农村部办公厅 国家林业和草原局办公室 国家发展改革委办公厅 财政部办公厅 科技部办公厅 自然资源部办公厅 水利部办公厅关于印发《中国特色农产品优势区管理办法（试行）》的通知.（2020 - 07 - 21）. http://www.gov.cn/zhengce/zhengceku/2020 - 07/21/content_5528525.htm.

的发展，加强财政保障和金融服务。继续实施生猪、牛羊调出大县奖励政策，通过政府购买服务方式支持动物防疫社会化服务①。

加快渔业转型升级。完善重要养殖水域滩涂保护制度，严格落实养殖水域滩涂规划和水域滩涂养殖证核发制度。同时要推进水产绿色健康养殖，做好水产品稳产保供，加快补齐水产养殖业发展短板，稳步发展稻渔综合种养、渔业品牌建设、大水面生态渔业和盐碱水养殖，加强"三无"船舶管理、水产苗种产地检疫，加强渔港建设和管理，建设渔港经济区。

促进果菜茶多样化发展。针对全国不同地区，因地制宜发展林果业、中药材、食用菌等特色产业。强化"菜篮子"市长负责制，地方政府特别是市级政府要统筹抓好"菜篮子"生产发展、产销衔接、流通运输、市场调控、质量安全等工作，在全国范围内构建品种互补、档期合理、区域协调的供应格局。同时也要统筹茶文化、茶产业、茶科技，提升茶业发展质量。

▍第二节▍
深入推进优质粮食工程

一、"十三五"期间深入推进优质粮食工程的成效与不足

优质粮食工程是推进粮食行业供给侧结构性改革的重要突破口，是加

---

① 国务院办公厅关于促进畜牧业高质量发展的意见.（2020 - 09 - 27）. http：//www.gov.cn/zhengce/content/2020 - 09/27/content _ 5547612. htm.

快粮食产业经济发展的重要抓手。"优质粮食工程"的实施有利于提高绿色优质粮油产品供给,有利于提高种粮农民利益,带动农民增收。为推进巩固拓展脱贫攻坚成果同乡村振兴有效衔接,2019 年,财政部、国家粮食和物资储备局联合印发了《关于深入实施"优质粮食工程"的意见》,进一步突出需求导向、品牌提升等方面的内容,思路更加清晰、措施更加精确、扶持更加有力。《意见》坚持目标导向与问题导向相统一,坚持顶层设计与基层创新相结合,在科学确定优质粮食工程总体目标任务的基础上,给各地因地制宜、创造性实施留好空间,不搞一刀切;同时,充分吸纳和推广各地好经验好做法,以点带面,发挥示范引领作用,放大实施效应,更好地满足广大消费者对优质粮油产品的生活需求和美好愿望。截至 2019 年底,优质粮食工程实施范围已由首批的 16 个省份全覆盖到 31 个省份。工程实施的三年间(2017—2019 年),中央财政累计安排专项资金近 200 亿元,带动地方财政和社会投资 500 多亿元。在优质粮食工程的有力推动下,我国粮食产业经济保持了稳中向好的势头,"三链协同""五优联动"初见成效,2018 年全国粮食产业经济实现总产值 3.1 万亿元,增幅超过 6%①。

我国虽然粮食连年丰收,但是粮食产后社会化服务不健全,绿色优质粮油供给不足,粮食产品低端"大路货"多、高端精品少等问题突出,从田间到餐桌的粮食质量安全保障体系尚未建立,成为制约粮食产业发展的短板。深入推进优质粮食工程是落实国家粮食安全战略,牢牢把住粮食安全主动权的内在要求,有利于优化农业结构,强化产业集聚,促进乡村一二三产业融合发展,让农民更多分享产业增值收益,形成粮食兴、产业

---

① 优质粮食工程实施效果及典型经验、有效模式研究. (2020-03-23). http://www.lswz.gov.cn/html/zt/yzlsgc/2020-03/23/content_249783.shtml.

旺、经济强的良性循环。

二、"十四五"时期如何深入推进优质粮食工程

"十四五"时期，深入推进优质粮食工程，既需要充分运用 2017 年以来实施优质粮食工程既有成效，大力推进"三链协同"，深入实施"五优联动"，又要做实粮食绿色仓储、品种品质品牌、质量追溯、机械装备、应急保障能力、节约减损健康消费提升等"六大提升行动"，打造"十四五"时期优质粮食工程升级版，加快粮食产业高质量发展①。

粮食绿色仓储提升行动。依托现有粮食仓储资源，鼓励因地制宜升级改造仓储设施，提升仓房的气密和保温隔热性能，推动粮仓分类分级管理和使用，满足"优粮优储"需要；推广应用气调、机械或热泵制冷控温、内环流控温等绿色储粮技术，完善粮情在线监测和智能化控制功能，提高收储环节粮食品质保障能力。

粮食品种品质品牌提升行动。强化流通反馈激励机制，推进优质优价市场化订单收购，优化粮食供给结构。强化标准和质量导向，鼓励结合实际组织制定、发布地方特色粮油产品团体质量标准和评价体系，鼓励企业推行更高质量标准，加强营养健康粮油产品研发；持续开展"中国好粮油"产品分级遴选；"中国好粮油"区域公共品牌和优质粮油产品推广；搭建国家"中国好粮油"电子交易平台、进驻电商平台，依托好粮油门店、军粮供应和应急网点、主食厨房等，开展产销对接，完善优质粮食线上线下销售网络。

---

① 关于深入推进优质粮食工程的意见. (2021 - 06 - 29). http：//www. gov. cn/zhengce/zhengceku/ 2021 - 06/29/content_5621465. htm.

粮食质量追溯提升行动。完善粮食质量安全监测平台功能和检验监测体系，加强粮油标准体系建设，优化粮食质检培训体系。建立健全粮食质量检测系统，开展粮食质量调查、品质测报和安全风险监测服务。制定"好粮油"产品追溯规范，依托企业建立"好粮油"产品追溯平台。

粮食机械装备提升行动。加大关键粮食机械装备自主研发和推广应用力度，在粮食清理、干燥、仓储、装卸、运输、加工等环节，推广应用粮食机械装备自主创新成果，升级配置粮食收储机械化、自动化、智能化、环保型装备和"四散化"运输、集装箱运输、成品粮冷链运输装备等，改造升级粮食加工生产线，促进粮机装备企业应用数字化、自动化、智能化生产装备，提升装备生产技术，提升行业节粮减损装备的制造水平，促进国产化加工装备使用率。

粮食应急保障能力提升行动。发展壮大"中国好粮油"示范企业，提升粮食应急生产、加工、物流和储存能力，拓展"好粮油"门店应急功能，增强粮食保供能力，健全地方粮食应急保障网络，加强粮情监测预警和应急指挥，健全平时服务、急时保供、战时应急的供应体系，充分发挥粮食产业优势，确保市场粮油供应充足、价格稳定、响应迅速。

粮食节约减损健康消费提升行动。倡导营养、均衡、健康消费理念。开展全社会爱粮节粮宣传教育，深入开展"爱粮节粮"进社区、进家庭、进学校、进军营、进食堂等行动，培养节约习惯，营造浪费可耻、节约为荣的氛围。推进农户科学储粮项目，推广粮油适度加工技术成果。

"优质粮食工程"的实施要以"为耕者谋利，为食者造福"、保障国家粮食安全为目标。一方面，要有利于提高绿色优质粮油产品供给，提升收获粮食的优质品率、优质优价收购量和粮油加工产品的优质品率；另一方面，要有利于提高种粮农民利益，有效带动农民增收。

║ 第三节 ║

推进农业绿色转型

一、"十三五"期间绿色农业发展状况

推进农业绿色发展，是贯彻新发展理念、推进农业供给侧结构性改革的必然要求，是加快农业现代化、促进农业可持续发展的重大举措，是守住绿水青山、建设美丽中国的时代担当，对保障国家食物安全、资源安全和生态安全，维系当代人福祉和保障子孙后代永续发展具有重大意义。

"十三五"期间，中央对绿色农业发展不断加大投入力度，实施了高标准农田建设、旱作节水农业、退牧还草、京津风沙源治理等一系列重大工程，取得积极进展。各地加快集成推广化肥农药减量增效绿色高效技术模式，探索工作机制与服务方式，促进了种植业高质量发展。2020年三大粮食作物化肥、农药利用率比2015年分别提高了5个百分点和4个百分点。我国农业投入品结构持续优化，科学施肥用药技术加快推广。农业农村部开展有机肥替代化肥行动，推进高效低风险农药替代化学农药，2020年有机肥施用面积超过5.5亿亩次，高效低风险农药占比超过90%。大力开展和推广测土配方施肥、机械深施、水肥一体化等技术，推进绿色防控和精准

科学用药。配方肥占三大粮食作物施用总量的 60％以上，主要农作物病虫害绿色防控覆盖率达 41.5％。肥料统配统施、病虫统防统治专业化服务组织蓬勃发展，减少了个人施肥打药跑冒滴漏，提高了用肥用药效率。农业农村部每年在 300 个县开展化肥减量增效示范，在 233 个重点县开展有机肥替代化肥试点，在 600 个县建设统防统治与绿色防控融合示范基地，在 150 个县开展果菜茶全程绿色防控试点。组织专家制定技术方案，指导农民和新型经营主体掌握关键技术，组织开展"百万农民科学用药培训行动"[1]。

2021 年 6 月，农业农村部科技教育司组织召开农膜污染防治工作推进会议，会议强调，农膜覆盖技术为保障我国粮食安全做出了重要历史贡献，对于促进农业发展具有不可替代的作用。随着农膜用量和使用年限的增加，农膜残留污染问题日益突出。近年来，农膜回收行动稳步推进，各项法规政策不断健全，全国农膜回收率稳定在 80％以上[2]。

二、农业绿色转型面临的问题

我国主要农作物化肥、农药施用量过多，不仅增加了生产成本，也产生了环境污染。推进化肥、农药减量是实现农业绿色发展的重要举措。党的十八大以来，党中央、国务院做出一系列重大决策部署，农业绿色发展实现了良好开局。但总体上看，农业主要依靠资源消耗的粗放经营方式没有根本改变，农业面源污染和生态退化的趋势尚未有效遏制，绿色优质农产品和生态产品供给还不能满足人民群众日益增长的需求，农业支撑保障

---

[1] 化肥农药使用量零增长行动目标顺利实现 我国三大粮食作物化肥农药利用率双双达 40％以上．（2021 - 01 - 17）．http：//www.gov.cn/xinwen/2021 - 01/17/content_5580555.htm.

[2] 农业农村部科技教育司组织召开农膜污染防治工作推进会议．（2021 - 06 - 18）．https：//www.moa.gov.cn/xw/bmdt/202106/t20210618_6369849.htm.

制度体系有待进一步健全。

三、"十四五"时期农业绿色转型的发展方向

农业绿色转型需要在推进化肥农药减量增效、循环利用农业废弃物、加强污染耕地治理等方面持续发力。

推进化肥农药减量增效。深入开展测土配方施肥，持续优化肥料投入品结构，增加有机肥使用，推广肥料高效施用技术。积极稳妥推进高毒高风险农药淘汰，加快推广低毒低残留农药和高效大中型植保机械，因地制宜集成应用病虫害绿色防控技术。推进兽用抗菌药使用减量化，规范饲料和饲料添加剂生产使用。精准施肥减量。推进农机农艺融合，推广机械施肥、种肥同播、水肥一体等技术，提高化肥利用效率。稳步推进有机肥替代减量，秸秆养分还田、畜禽粪便资源化利用，种植绿肥，用有机肥替代部分化肥。鼓励新型经营主体示范带动减量。

循环利用农业废弃物。支持发展种养有机结合的绿色循环农业，持续开展畜禽粪污资源化利用，加强规模养殖场粪污治理设施建设，推进粪肥还田利用。通过农业废弃物多级循环利用，将上一产业的废弃物或副产品作为下一产业的原材料，如沼气、畜粪等的利用。全面实施秸秆综合利用行动，健全秸秆收储运体系，提升秸秆能源化、饲料化利用能力。加快普及标准地膜，加强可降解农膜研发推广，推进废旧农膜机械化捡拾和专业化回收。开展农药肥料包装废弃物回收利用。

加强污染耕地治理。开展农用地土壤污染状况调查，实施耕地土壤环境质量分类管理。对轻中度污染耕地加大安全利用技术推广力度；对重度污染耕地实行严格管控，开展种植结构调整或在国家批准的规模和范围内

实施退耕还林还草。深入实施耕地重金属污染防治联合攻关，加强修复治理和安全利用示范。巩固提升受污染耕地安全利用水平。各省应加大对土壤污染防治的财政投入力度，对开展耕地污染治理的农业经营主体或市场主体优先实施信用担保、贴息贷款或税收减免，完善耕地污染防治保险产品和服务[①]。

第四节

完善绿色农业标准体系

一、"十三五"期间国家高度重视绿色农业标准体系建设

民以食为天、食以安为先，农产品质量安全是食品安全的重要源头，事关人民群众身体健康和生命安全，事关农业农村经济可持续发展。要用最严谨的标准、最严格的监管、最严厉的处罚、最严肃的问责，确保广大人民群众"舌尖上的安全"。"十三五"期间，农业农村部认真贯彻落实习近平总书记关于农产品"四个最严""产出来""管出来"等重要指示精神，牢固树立绿色发展理念，坚持底线思维、问题导向、精准施策，深入推进质量兴农、绿色兴农、品牌强农，农产品质量安全水平总体保持稳中

---

① 农业农村部办公厅 生态环境部办公厅关于进一步做好受污染耕地安全利用工作的通知. (2019 - 10 - 22). http://www.gov.cn/zhengce/zhengceku/2019 - 10/22/content_5443217.htm.

向好的发展态势，全国农产品例行监测总体合格率持续 5 年稳定在 97％以上，2020 年达到 97.8％。农产品生产基本实现有标可依，标准化生产基地大幅增加。截至 2019 年底，我国农药残留限量 7 107 项、兽药残留限量 2 191 项，农兽药残留限量及配套检测方法食品安全国家标准总数达到 10 068 项，比 2015 年增加 4 109 项，基本覆盖我国常用农兽药品种和主要食用农产品。现行有效的农业行业标准达到 5 342 项。全国共创建农业标准化示范区（县、场）1 800 多个、"三园两场"（果菜茶标准化示范园、畜禽养殖标准化示范场、水产健康养殖示范场）近 1.8 万个，规模种养主体标准化生产意识和质量控制能力明显提高。绿色优质农产品质量认证稳步推进，全国绿色、有机和地理标志农产品数量快速增长，获证产品总数达到 4.35 万个，较 2015 年增加 48.7％①。

二、绿色农业标准体系建设的薄弱环节

尽管"十三五"期间农产品质量安全水平显著提升，但与全面推进质量兴农的要求相比，我国农产品质量安全工作还存在一些薄弱环节。一是生产经营主体责任难落实。部分生产经营者质量安全意识还不强，禁用药物使用和非法添加问题、常规药物超剂量使用、违反农药安全间隔期和兽药休药期等问题仍然存在，产品质量安全问题和风险隐患在个别地区、品种和时段还比较突出。二是基层监管能力相对偏弱。农产品分散式生产、分散式上市，客观上要求加大监管巡查力度，加密抽检频次，但基层整体监管缺人手、缺手段的问题突出，难以满足日益增长的监管需求。产后贮

---

① 农业现代化辉煌五年系列宣传之二十八：推进质量兴农 确保"舌尖上的安全". (2021 - 07 - 26). http://www.jhs.moa.gov.cn/ghgl/202107/t20210726_6372769.htm.

运环节监管还较为薄弱，防腐剂、保鲜剂和添加剂违规使用问题仍然突出。三是标准化生产水平有待提高。安全监管类标准仍然不足、生产技术类标准交叉重复、制标用标"两张皮"等问题仍然突出，绿色优质的农产品比重有待进一步提高①。

三、"十四五"时期如何推进绿色农业标准体系建设

2021 年 3 月 18 日，农业农村部发布《农业生产"三品一标"提升行动实施方案》，要求加快推进品种培优、加快推进品质提升、加快推进标准化生产、加快推进农业品牌建设、持续强化农产品质量监管、深入推进安全绿色优质农产品发展。方案指出，要积极发展绿色食品、有机农产品、地理标志农产品生产，推行食用农产品达标合格证制度。强化农产品认证和监管，完善绿色食品、有机农产品、地理标志农产品认证审核流程和技术规范，规范标志使用，加强相关风险监测和证后监管，稳步扩大认证规模，严格淘汰退出机制。打造一批绿色食品原料标准化生产基地和有机农产品生产基地。深入实施地理标志农产品保护工程，建设一批特色品种繁育基地和核心生产基地，挖掘保护传统农耕文化，推动地理标志农产品生产标准化、产品特色化、身份标识化、全程数字化发展。推行食用农产品达标合格证制度，推动有条件的地方实施信息化管理。指导生产者在自控自检的基础上规范开具合格证，提升合格证含金量，提高带证农产品的市场认可度。实现合格证制度与已有监管措施的融合推进，探索开证主体信用评价机制。

---

① 农业现代化辉煌五年系列宣传之二十八：推进质量兴农 确保"舌尖上的安全". （2021 - 07 - 26）. http：//www. ghs. moa. gov. cn/ghgl/202107/t20210726_6372769. htm.

"十四五"时期是我国开启全面建设社会主义现代化国家新征程的关键时期。消费者对农产品的要求已从吃得饱、吃得安全放心向吃得好、吃得营养健康转变，对我国农产品质量安全提出了更高的要求。在产出端，需要着力构建以安全、绿色、优质、营养标准为梯次的农业高质量发展标准体系，加快制定监管急需的安全标准，健全优化国际领先的绿色标准，支持制定带动产业升级的优质标准，推动研发引领健康消费的营养标准。实施农产品对标达标提质行动，加强相关农业标准化示范区创建，建立健全农业标准化示范推广体系。加强绿色、有机、地理标志农产品认证管理，深入实施地理标志农产品保护工程，增加绿色优质农产品供给。在管出端，需要压实地方政府属地管理责任、监管部门监管责任和生产经营者主体责任。着力构建覆盖农业投入品管理、生产过程控制、产品质量管控等各环节的农产品质量安全监管体系，扩大风险监测覆盖面，到 2025 年监测数量达到 2 批次/千人。加强农资质量监管，落实安全间隔期、休药期制度。全面推行食用农产品合格证制度，加强农产品质量安全信用体系建设，健全农产品追溯制度，创新推动智慧监管。继续开展国家农产品质量安全县创建，加强农产品质量安全基层监管体系和执法监管能力建设，健全农产品质量安全风险评估、监测预警和应急处置机制，推动农产品质量安全监管能力和水平迈上新台阶①。

---

① 农业现代化辉煌五年系列宣传之二十八：推进质量兴农 确保"舌尖上的安全". (2021 - 07 - 26). http://www.ghs.moa.gov.cn/ghgl/202107/t20210726_6372769.htm.

┃第五节┃

建设现代农业产业园区和农业现代化示范区

一、"十三五"期间现代农业产业园区和农业现代化示范区取得阶段性成就

面对国内外风险挑战明显上升的复杂局面，农业现代化迫切需要统筹发展和安全，夯实稳住农业基本盘，守好"三农"基础。"十四五"规划中明确提出要建设现代农业产业园区和农业现代化示范区，这是在科学把握现代化建设规律和农业发展阶段基础上做出的重要战略考量。

2017 年以来，农业农村部、财政部认真贯彻落实党中央、国务院决策部署，聚焦姓农、务农、为农、兴农宗旨，大力推进现代农业产业园建设，已取得明显成效。中央财政累计安排 92 亿元，支持创建了 151 个国家现代农业产业园，带动各地创建了 3 189 个省、市、县产业园，基本形成了国家、省、市、县联动推进的工作局面，构建了上下联动、以点带面、梯次推进的建设格局，建成了一批产业特色鲜明、要素高度聚集、生产方式绿色、一二三产深度融合的现代农业产业高地，成为乡村产业振兴的"领头羊"、农民就业增收的"动力源"、县域经济增长的"新引擎"、

乡村建设的"助推器"①。

二、现代农业产业园区和农业现代化示范区存在的问题

农业现代化示范区在农业物质装备水平、农业科技支撑、农业经营管理、农民增收、农业绿色高效生产以及投入方面取得了一定成效，但仍面临示范区建设积极性不足、农业产业化带动能力不强、农业产业发展水平不高、金融用地支持力度不够等制约因素。国家现代农业产业园虽然发展水平高、建设成效好、辐射带动能力明显，但市、县级产业园处于起步阶段，还需要加强政策支持、梯次推进。同时，各级产业园建设中仍然存在资金、人才、科技、土地等要素配置不够合理，金融支持和现代化支撑不够完善等问题。

三、"十四五"时期建设现代农业产业园区和农业现代化示范区的目标与具体建议

"十四五"时期，中共中央、国务院高度重视建设现代农业产业园区和农业现代化示范区，2021年1月4日发布了《关于全面推进乡村振兴加快农业农村现代化的意见》，要求各级政府"推进农村一二三产业融合发展示范园和科技示范园区建设。把农业现代化示范区作为推进农业现代化的重要抓手，围绕提高农业产业体系、生产体系、经营体系现代化水平，建立指标体系，加强资源整合、政策集成，以县（市、区）为单位开展创建，到2025年创建500个左右示范区，形成梯次推进农业现代化的格局。

---

① 农业现代化辉煌五年系列宣传之十五：以现代农业产业园为核心载体 推进乡村产业振兴和农业现代化．（2021-05-28）．http://www.jhs.moa.gov.cn/ghgl/202105/t20210528_6368669.htm.

创建现代林业产业示范区。组织开展'万企兴万村'行动。稳步推进反映全产业链价值的农业及相关产业统计核算"。

党的十九届五中全会对推进农业现代化做出了全面部署，农业农村部、财政部将继续把产业园建设作为推进乡村产业振兴和农业农村现代化的重要抓手，进一步提升产业园建设水平。一是分级分类建设产业园。合理规划产业园布局，指导地方在抓好国家和省级产业园建设基础上，全面启动市、县级产业园建设，尽快建立"四级联动"的建设体系。分产业区别推进，因产业而宜、分类型建设粮食类、都市现代类和重要农产品、果菜茶等特色农产品及养殖类产业园。二是推动产业园管理创新。引导资金、人才、科技、土地等要素集约配置，激活发展新动能，走集中、集聚、集约发展的新路子。大力推进产业园设立管委会，推行党委或政府负责同志任"园长"。三是拓展产业园投入渠道。在政府债券使用上实现突破，争取更多的政府专项债用于现代农业产业园建设。在加大金融支持上实现突破，调动金融机构积极性，解决贷款难、贷款贵问题。四是强化现代要素支撑。鼓励地方将年度新增建设用地、城乡建设用地增减挂钩等指标优先保障产业园需求，引导科研院所到产业园设立试验站、中试基地，吸引返乡农民工、退伍军人、大中专毕业生入园创业[①]。

---

① 农业现代化辉煌五年系列宣传之十五：以现代农业产业园为核心载体 推进乡村产业振兴和农业现代化. (2021－05－28). http：//www.jhs.moa.gov.cn/ghgl/202105/t20210528_6368669.htm.

第三章

丰富乡村经济业态

产业兴旺是乡村振兴的重点，是解决农村一切问题的前提。乡村产业内涵丰富、类型多样，农产品加工业提升农业价值，乡村特色产业拓宽产业门类，休闲农业拓展农业功能，乡村新型服务业丰富业态类型，是提升农业、繁荣农村、富裕农民的产业。近年来，农村创新创业环境不断改善，新产业新业态大量涌现，乡村产业发展取得了积极成效。但存在产业链条较短、融合层次较浅、要素活力不足等问题，亟待加强引导、加快发展。

目前乡村产业发展仍面临一些挑战。"经济全球化的不确定性增大。新冠肺炎疫情对世界经济格局产生冲击，全球供应链调整重构，国际产业分工深度演化，对我国乡村产业链构建带来较大影响。资源要素瓶颈依然突出。资金、技术、人才向乡村流动仍有诸多障碍，资金稳定投入机制尚未建立，人才激励保障机制尚不完善，社会资本下乡动力不足。乡村网络、通讯、物流等设施薄弱。发展方式较为粗放。创新能力总体不强，外延扩张特征明显。目前，农产品加工业与农业总产值比为2.3∶1，远低于发达国家3.5∶1的水平。农产品加工转化率为67.5%，比发达国家低近18个百分点。产业链条延伸不充分。第一产业向后端延伸不够，第二产业向两端拓展不足，第三产业向高端开发滞后，利益联结机制不健全，小而散、小而低、小而弱问题突出，乡村产业转型升级任务艰巨。"①

"十四五"时期，为推动富民产业发展，需要大力发展县域经济，推进农村一二三产业融合发展，延长农业产业链条，发展各具特色的现代乡村富民产业。为了提升农村特色产业，则需推动种养加结合和产业链再

---

① 农业农村部关于印发《全国乡村产业发展规划（2020—2025年）》的通知. (2020-07-17). http：//www.gov.cn/zhengce/zhengceku/2020-07/17/content_5527720.htm.

造，提高农产品加工业和农业生产性服务业发展水平，壮大休闲农业、乡村旅游、民宿经济等特色产业。为增加农产品增值收益，需要延伸产业链条，加强农产品仓储保鲜和冷链物流设施建设，健全农村产权交易、商贸流通、检验检测认证等平台和智能标准厂房等设施，引导农村二三产业集聚发展。为了保证利益合理流向农户，让农户充分享受到发展的成果，需要完善利益联结机制，通过"资源变资产、资金变股金、农民变股东"，让农民更多分享产业增值收益。

| 第一节 |
推动现代乡村富民产业

一、发展富民产业的重要性

产业是乡村振兴的基石，没有兴旺发展的富民产业，乡村振兴就如同无源之水、无本之木。我国是农业大国，农业是乡村的本业、基础产业，是农民生计的重要依托。打造乡村富民产业，要在搞活搞好农业的基础上，大力发展与农业农村亲缘的产业。

"橘生淮南则为橘，生于淮北则为枳"。农业与生俱来便具有区域性特征和结构性特色。富民产业的选择，要立足农业资源多样性和气候适宜优势，"靠山吃山唱山歌，靠海吃海念海经"。只有因地制宜，富民产业才不会出现"水土不服"的现象，才能真正在这片土地生根发芽、枝繁叶茂。富民产业还需要经受住市场的检验，这是具有共性的市场规律。如果产出来的产品，不能很好地满足市场需要，富民产业不仅无法"富"民，还有可能连累农民。这就需要我们加快向农业深层次进军的步伐，深刻把握城乡居民不断升级、日益多元的消费需求，坚持质量兴农、绿色兴农、品牌强农，大力发掘乡村和农业的经济、社会、生态、文化等多种功能，不断拓展富民产业的盈利空间，确保富民产业长久、可持续发展。

二、"十四五"时期乡村富民产业发展规划

"十四五"时期，我国高度重视富民产业发展，2021 年 4 月 22 日，农业农村部办公厅、国家乡村振兴局综合司印发《社会资本投资农业农村指引（2021 年）》，鼓励社会资本开发特色农业农村资源，积极参与建设现代农业产业园、农业产业强镇、优势特色产业集群，发展特色农产品优势区，发展绿色农产品、有机农产品和地理标志农产品。发展"一村一品""一镇一特""一县一业"，建设标准化生产基地、集约化加工基地、仓储物流基地，完善科技支撑体系、生产服务体系、品牌与市场营销体系、质量控制体系，建立利益联结紧密的建设运行机制。大力发展富民产业需要做到以下几个方面[①]：

开发特色化、多样化产品，提升乡村特色产业的附加值，促进农业多环节增效、农民多渠道增收。以特色资源增强竞争力。根据消费结构升级的新变化，开发特殊地域、特殊品种等专属性特色产品，以特性和品质赢

---

① 农业农村部关于印发《全国乡村产业发展规划（2020—2025 年）》的通知. （2020 - 07 - 17）. http：//www. gov. cn/zhengce/zhengceku/2020 - 07/17/content_5527720. htm.

得市场。发展特色种养，根据种质资源、地理成分、物候特点等独特资源禀赋，在最适宜的地区培植最适宜的产业。开发特色食品，重点开发乡土卤制品、酱制品、豆制品、腊味、民族特色奶制品等传统食品。开发适宜特殊人群的功能性食品。传承特色技艺，改造提升蜡染、编织、剪纸、刺绣、陶艺等传统工艺。弘扬特色文化，发展乡村戏剧曲艺、杂技杂耍等文化产业。

做强产品加工，鼓励大型龙头企业建设标准化、清洁化、智能化加工厂，引导农户、家庭农场建设一批家庭工场、手工作坊、乡村车间，用标准化技术改造提升豆制品、民族特色奶制品、腊肉腊肠、火腿、剪纸、刺绣、蜡染、编织、制陶等乡土产品。做活商贸物流，鼓励地方在特色农产品优势区布局产地批发市场、物流配送中心、商品采购中心、大型特产超市，支持新型经营主体、农产品批发市场等建设产地仓储保鲜设施，发展网上商店、连锁门店。

对接终端市场，以市场需求为导向，促进农户生产、企业加工、客户营销和终端消费连成一体、协同运作，增强供给侧对需求侧的适应性和灵活性。实施"互联网＋"农产品出村进城工程，完善适应农产品网络销售的供应链体系、运营服务体系和支撑保障体系。创新营销模式，健全绿色智能农产品供应链，培育农商直供、直播直销、会员制、个人定制等模式，推进农商互联、产销衔接，再造业务流程、降低交易成本。

提升品质价值，推进品种和技术创新，提升特色产品的内在品质和外在品相，以品质赢得市场、实现增值。提升生态价值，开发绿色生态、养生保健等新功能新价值，增强对消费者的吸附力。提升人文价值，更多融入科技、人文元素，发掘民俗风情、历史传说和民间戏剧等文化价值，赋予乡土特色产品文化标识。

| 第二节 |
农村特色产业发展

一、"十三五"期间特色产业发展状况

发展产业是实现农业现代化的根本之策,产业兴旺是乡村振兴的物质基础。实现巩固拓展脱贫攻坚成果同乡村振兴有效衔接,发展壮大特色产业至关重要。"十三五"期间,各地以产业融合发展为路径,充分依托乡村资源,发掘农业新功能新价值,逐步构建多主体参与、多业态打造、多要素集聚、多利益联结、多模式创新"五多"协同发展格局,农村新产业新业态蓬勃发展。乡村特色产业快速发展。形成了一批特色鲜明的小宗类、多样化乡土产业,建成了一批产值超 10 亿元的特色产业镇(乡)和超 1 亿元的特色产业村。创响"乡字号""土字号"乡土特色品牌 10 万余个,认定"一村一品"示范村镇 2 851 个,推介 880 个乡村特色产品和 220 个能工巧匠。实施休闲农业和乡村旅游精品工程,建成了一批休闲观光、乡村民宿、健康养生等园区景点,2019 年接待游客 32 亿人次,比 2015 年增加 10 亿人次,增幅 45.5%,营业收入超过 8 500 亿元,比 2015 年增长 93.2%,基本上翻一番。乡村新型服务业加快发展。2019 年,农林牧渔业

专业及辅助性活动产值 6 500 亿元，各类涉农电商超过 3 万家，农村网络销售 1.7 万元，其中农产品网络销售额 3 975 亿元①。

"十三五"期间，引领示范好、服务能力强、利益联结紧的融合主体大量涌现，形成龙头企业引领、新型经营主体为主、农民广泛参与的"雁阵"格局。截至 2020 年 6 月，县级以上产业化龙头企业达到 9 万家，其中国家重点龙头企业 1 542 家，年销售收入超过 1 亿元的突破 8 000 家，超过100 亿元的达到 72 家；全国家庭农场名录系统填报数量超过 100 万家，依法登记的农民合作社达到 218.7 万家。各类融合主体通过构建分工协作、优势互补、联系紧密的利益共同体，实现抱团发展，促进特色种养、特色食品、特色手工等乡村特色产业发展，成为乡村产业发展的驱动力量。安排中央财政资金 230 多亿元，建设优势特色产业集群 50 个、国家现代农业产业园 151 个、农业产业强镇 811 个、农村产业融合发展示范园 258 个，带动省、市、县建立各类农业产业园 1 000 多个，推动原料生产、精深加工、体验展示、物流销售有机衔接，打造乡村产业发展高地。吸引农民工、中高等院校毕业生、退役军人、科技人员等多类型人才到乡村创新创业，截至 2019 年，各类返乡入乡创新创业人员累计达 850 万，有 80% 开展创办农村产业融合项目，"田秀才""土专家""乡创客"等本土创新创业人员达 3 100 多万，平均年龄 45 岁左右，高中和大中专以上学历的占到40%。2020 年，返乡入乡创新创业人员达到 1 010 万人。产业融合由种养向纵向延伸、横向拓展，采用的技术范围更广，创办的实体 87% 在乡镇以下，80% 以上发展产业融合项目，返乡入乡人员 50% 以上利用信息技术创

① 农业现代化辉煌五年系列宣传之十七："五多"协同 农村新产业新业态蓬勃发展. (2021 - 06 - 07). http://www.ghs.moa.gov.cn/ghgl/202106/t20210607_6369149.htm.

新创业，技术层次不断提升①。

二、"十四五"时期特色产业发展规划

"十四五"时期，要开展优势特色产业集群建设，推动优势特色产业加工流通环节向乡村下沉，带动农产品加工流通等环节增值收益留在乡村，能够有效扩大农村就业，拓宽农民增收渠道，让农民合理分享二三产业收益。同时，把优势特色产业做成带动农民持续增收的大产业，有利于巩固脱贫攻坚成果，探索建立解决相对贫困问题长效机制。

2021 年 4 月 7 日，农业农村部、发展改革委、财政部、商务部、文化和旅游部、人民银行、银保监会、林草局、乡村振兴局、供销总社联合发布《关于推动脱贫地区特色产业可持续发展的指导意见》，指出："指导脱贫地区依托资源优势和产业发展基础，编制'十四五'特色产业发展规划，引导资金、技术、人才、信息向脱贫地区聚集，发展'一县一业'，培育壮大主导产业。优化产业布局，推动形成县城、中心乡（镇）、中心村层级分明、功能有效衔接的结构布局，促进产镇融合、产村一体。"

2021 年 1 月 8 日，农业农村部印发《关于落实好党中央、国务院 2021 年农业农村重点工作部署的实施意见》，提出："推动脱贫地区特色产业可持续发展。制定推进脱贫地区特色产业可持续发展指导意见，组织脱贫地区编制特色产业发展规划。实施脱贫地区特色种养业提升行动，支持发展农产品加工和生产性服务，农产品仓储保鲜冷链物流设施建设工程向脱贫地区新型经营主体倾斜。引导农产品流通企业、电商平台、批发市场等与

---

① 农业现代化辉煌五年系列宣传之十七："五多"协同 农村新产业新业态蓬勃发展. （2021 - 06 - 07）. http://www.ghs.moa.gov.cn/ghgl/202106/t20210607_6369149.htm.

脱贫地区生产经营主体精准对接，建立稳定产销对接关系。脱贫地区巩固脱贫攻坚成果项目重点用于特色产业发展，完善小额信贷政策。"

发展农村特色产业必须要与乡村资源创新相结合，与乡村农民利益及其全面发展相结合，与乡村社区发展相结合，以及与壮大乡村优势特色主导产业相结合。乡村休闲旅游业是农业功能拓展、乡村价值发掘、业态类型创新的新产业，横跨一二三产业、兼容生产生活生态、融通工农城乡，发展前景广阔。发展农村特色产业具体要做好以下几个方面[1]：

聚焦重点区域。依据自然风貌、人文环境、乡土文化等资源禀赋，建设特色鲜明、功能完备、内涵丰富的乡村休闲旅游重点区。建设城市周边乡村休闲旅游区。依托都市农业生产生态资源和城郊区位优势，发展田园观光、农耕体验、文化休闲、科普教育、健康养生等业态，建设综合性休闲农业园区、农业主题公园、观光采摘园、垂钓园、乡村民宿和休闲农庄，满足城市居民消费需求。建设自然风景区周边乡村休闲旅游区。依托秀美山川、湖泊河流、草原湿地等地区，在严格保护生态环境的前提下，统筹山水林田湖草系统，发展以农业生态游、农业景观游、特色农（牧、渔）业游为主的休闲农（牧、渔）园和农（牧、渔）家乐等，以及森林人家、健康氧吧、生态体验等业态，建设特色乡村休闲旅游功能区。建设民俗民族风情乡村休闲旅游区。发掘深厚的民族文化底蕴、欢庆的民俗节日活动、多样的民族特色美食和绚丽的民族服饰，发展民族风情游、民俗体验游、村落风光游等业态，开发民族民俗特色产品。建设传统农区乡村休闲旅游景点。依托稻田、花海、梯田、茶园、养殖池塘、湖泊水库等大水

---

① 农业农村部关于印发《全国乡村产业发展规划（2020—2025 年）》的通知.（2020 - 07 - 17）. http://www.gov.cn/zhengce/zhengceku/2020 - 07/17/content _ 5527720. htm.

面、海洋牧场等田园渔场风光，发展景观农业、农事体验、观光采摘、特色动植物观赏、休闲垂钓等业态，开发"后备箱""伴手礼"等旅游产品。

注重品质提升。乡村休闲旅游要坚持个性化、特色化发展方向，以农耕文化为魂、美丽田园为韵、生态农业为基、古朴村落为形、创新创意为径，开发形式多样、独具特色、个性突出的乡村休闲旅游业态和产品。突出特色化。注重特色是乡村休闲旅游业保持持久吸引力的前提。开发特色资源，发掘农业多种功能和乡村多重价值，发展特色突出、主题鲜明的乡村休闲旅游项目。开发特色文化，发掘民族村落、古村古镇、乡土文化，发展具有历史特征、地域特点、民族特色的乡村休闲旅游项目。开发特色产品，发掘地方风味、民族特色、传统工艺等资源，创制独特、稀缺的乡村休闲旅游服务和产品。突出差异化。乡村休闲旅游要保持持久竞争力，必须差异竞争、错位发展。把握定位差异，依据不同区位、不同资源和不同文化，发展具有城乡间、区域间、景区间主题差异的乡村休闲旅游项目。瞄准市场差异，依据各类消费群体的不同消费需求，细分目标市场，发展研学教育、田园养生、亲子体验、拓展训练等乡村休闲旅游项目。顺应老龄化社会的到来，发展民宿康养、游憩康养等乡村休闲旅游项目。彰显功能差异，依据消费者在吃住行、游购娱方面的不同需求，发展采摘园、垂钓园、农家宴、民俗村、风情街等乡村休闲旅游项目。突出多样化。乡村休闲旅游要保持持久生命力，要走多轮驱动、多轨运行的发展之路。推进业态多样，统筹发展农家乐、休闲园区、生态园、乡村休闲旅游聚集村等业态，形成竞相发展、精彩纷呈的格局。推进模式多样，跨界配置乡村休闲旅游与文化教育、健康养生、信息技术等产业要素，发展共享农庄、康体养老、线上云游等模式。推进主体多样，引导农户、村集体经济组织、农业企业、文旅企业及社会资本等建设乡村休闲旅游项目。

打造精品工程。实施乡村休闲旅游精品工程，加强引导，加大投入，建设一批休闲旅游精品景点。建设休闲农业重点县。以县域为单元，依托独特自然资源、文化资源，建设一批设施完备、业态丰富、功能完善，在区域、全国乃至世界有知名度和影响力的休闲农业重点县。建设美丽休闲乡村。依托种养业、田园风光、绿水青山、村落建筑、乡土文化、民俗风情和人居环境等资源优势，建设一批天蓝、地绿、水净、安居、乐业的美丽休闲乡村，实现产村融合发展。鼓励有条件的地区依托美丽休闲乡村，建设健康养生养老基地。建设休闲农业园区。根据休闲旅游消费升级的需要，促进休闲农业提档升级，建设一批功能齐全、布局合理、机制完善、带动力强的休闲农业精品园区，推介一批视觉美丽、体验美妙、内涵美好的乡村休闲旅游精品景点线路。引导有条件的休闲农业园建设中小学生实践教育基地。

提升服务水平。促进乡村休闲旅游高质量发展，要规范化管理、标准化服务，让消费者玩得开心、吃得放心、买得舒心。健全标准体系。制修订乡村休闲旅游业标准，完善公共卫生安全、食品安全、服务规范等标准，促进管理服务水平提升。完善配套设施。加强乡村休闲旅游点水、电、路、讯、网等设施建设，完善餐饮、住宿、休闲、体验、购物、停车、厕所等设施条件。开展垃圾污水等废弃物综合治理，实现资源节约、环境友好。规范管理服务。引导和支持乡村休闲旅游经营主体加强从业人员培训，提高综合素质，规范服务流程，为消费者提供热情周到、贴心细致的服务。

引导农村二三产业集聚发展

一、引导农村二三产业集聚发展的重要意义

农产品加工业从种养业延伸而来，是国民经济的重要产业，是农业现代化的重要标志。"十三五"期间，我国农产品加工业总体规模保持稳定，行业发展质量效益明显提升，行业结构和布局持续优化，转型升级不断加快。2020 年，农产品加工业营业收入约 23.5 万亿元，规模以上农产品加工企业超过 8.1 万家；加工转化率提升到 68％，比 2015 年提升 3 个百分点；农产品加工业与农业总产值比提升到 2.4：1，比 2015 年提高 11.1％。农产品加工业的发展，延长了农业产业链、提升了农业价值链、保障了农业供应链、完善了农业利益链，在促进农业提质增效、农民就业增收、提高人民群众生活质量和健康水平等方面发挥了重要作用①。

农产品加工业一头连着农业、农村和农民，一头连着工业、城市和市民，向前端延伸可带动农户建设原料基地，向后端延伸可建设物流营销和服务网络，是构建农业全产业链的核心。农产品加工业进一步向产地下沉。根

---

① 农业现代化辉煌五年系列宣传之十六："四链"结合 农产品加工业高质量发展. （2021－06－04）. http://www.ghs.moa.gov.cn/ghgl/202106/t20210604_6369044.htm.

据粮食生产功能区、重要农产品生产保护区、特色农产品优势区的布局，引导加工企业重心下沉，建设农产品加工专业原料基地，布局加工产能。农产品加工业进一步向园区集中。通过集聚要素、集合功能、集中企业，建设农产品加工园，促进农产品就地加工转化、增值增效，发展主食、休闲食品、方便食品等多种加工产品。目前，全国已建成不同规模的农产品加工园区1 600多个、产值超3.5万亿元，成为农村产业融合发展的重要平台载体，带动农产品加工业高质量发展。农产品加工业与销区进一步对接。近年来，农产品加工业向电子商务新销售模式延伸，天猫平台基地直供、快手等社交平台网红直播带货、拼多多"新品牌"计划等蓬勃发展。2019年"双十一"期间，天猫平台农产品销售额突破70亿元，同比增长53%。2020年受疫情影响，我国居民的消费方式由线下转向线上趋势明显，以直播带货、电商为代表的新销售模式与超市、专卖店等线下销售融合的农产品加工新零售格局正在形成①。

二、我国农村二三产业发展中遇到的问题

当前，我国农产品加工业发展呈现稳中有进的较好局面，但创新能力总体不强、开发层次较浅、质量效益不高等问题仍然存在。农产品加工产值与农业总产值比仍低于发达国家3.5∶1的水平，农产品加工转化率比发达国家低近18个百分点，深度开发和转型升级任务繁重。

三、"十四五"时期如何推动引导农村二三产业集聚发展

"十四五"时期，推动农村二三产业集聚发展需要集聚资源、集中力

---

① 农业现代化辉煌五年系列宣传之十六："四链"结合 农产品加工业高质量发展.（2021 - 06 - 04）. http://www.ghs.moa.gov.cn/ghgl/202106/t20210604_6369044.htm.

量，建设富有特色、规模适中、带动力强的特色产业集聚区。打造"一县一业""多县一带"，在更大范围、更高层次上培育产业集群，形成"一村一品"微型经济圈、农业产业强镇小型经济圈、现代农业产业园中型经济圈、优势特色产业集群大型经济圈，构建乡村产业"圈"状发展格局。

建设"一村一品"示范村镇。依托资源优势，选择主导产业，建设一批"小而精、特而美"的"一村一品"示范村镇，形成一村带数村、多村连成片的发展格局。用3～5年的时间，培育一批产值超1亿元的特色产业专业村。

建设农业产业强镇。根据特色资源优势，聚焦1～2个主导产业，吸引资本聚镇、能人入镇、技术进镇，建设一批标准原料基地、集约加工转化、区域主导产业、紧密利益联结于一体的农业产业强镇。用3～5年的时间，培育一批产值超10亿元的农业产业强镇。

提升现代农业产业园。通过科技集成、主体集合、产业集群，统筹布局生产、加工、物流、研发、示范、服务等功能，延长产业链，提升价值链，促进产业格局由分散向集中、发展方式由粗放向集约、产业链条由单一向复合转变，发挥要素集聚和融合平台作用，支撑"一县一业"发展。用3～5年的时间，培育一批产值超100亿元的现代农业产业园。

建设优势特色产业集群。依托资源优势和产业基础，突出串珠成线、连块成带、集群成链，培育品种品质优良、规模体量较大、融合程度较深的区域性优势特色农业产业集群。用3～5年的时间，培育一批产值超1 000亿元的骨干优势特色产业集群，培育一批产值超100亿元的优势特色产业集群①。

---

① 农业农村部关于印发《全国乡村产业发展规划（2020—2025年）》的通知．（2020 - 07 - 17）．http://www.gov.cn/zhengce/zhengceku/2020 - 07/17/content_5527720.htm.

‖ 第四节 ‖
让农民更多分享产业增值收益

一、利益分配机制的现状与不足

"十三五"期间，我国各地区产业加快发展、利益共享机制不断完善，但目前产业发展中仍然存在农民主体性参与不足、利益联结机制不紧密、组织程度不高等问题，使得农民并没有更多地分享产业增值收益。从龙头企业来看，为保证经营决策效率，倾向于抑制民主管理与监督机制，与农民的关系仅限于资源出租和劳务雇佣，农民的资源和劳动贡献被局限在生产环节，并且有部分龙头企业依靠自己的垄断地位，侵占与农民的合作收益，不断稀释利润微薄的农业产业收益流向农民的部分。目前不少合作社和家庭农场经营规模较小，缺乏向高附加值环节延伸的资本、科技、市场条件，政策跟风情况较多，地方特色不足，更多呈现为同质化竞争，增值收益受平均利润限制。从农民分析，大多数农民满足于稳定的购销优惠和市场渠道，对需承担风险的增值环节缺乏投资经营热情。

小农户经营仍是我国现阶段农业生产经营的基本面。按照世界银行耕地面积 2 公顷及以下为小农户的标准，2019 年我国从事农业生产经营的小农户有 2.1 亿户，占汇总农户总数的 86.9%；现有的 15.45 亿亩家庭承包经营耕地，仍然由承包农户耕种的为 9.9 亿亩，占耕地总面积的近 2/3；流转出去的耕地 5.55 亿亩，占耕地总面积的 1/3 略强。从流入的主体看，流入到农户的面积最大，为 3.12 亿亩，占流转总面积的 56.78%。其他流入方是家庭农场、农民合作社和涉农企业等①。因此，小农户经营是中国农业发展和粮食生产的基本力量，能否让农民更多分享产业增值收益，直接关系到提高我国农业质量效益和竞争力。

二、未来利益分配机制应如何发展

《"十四五"推进农业农村现代化规划》明确指出："坚持农民主体地位。树立人民至上理念，在经济上维护农民利益，在政治上保障农民权利，激发农民积极性、主动性、创造性，不断满足农民对美好生活的向往。"②

具体来看，在生产方面，未来可以通过订单农业、入股分红、托管服务等方式，将小农户融入农业产业链，并通过保底分红、股份合作、利润返还等多种形式，让农民合理分享全产业链增值收益；在市场建设方面，可以建立供需平衡机制，以市场为导向，立足自身特色，让有效供给与需求实现精准对接，使得农民供给的产品和服务与市场需求相匹配，并在生产供给，产前、产中及产后服务，带动农民进入市场等方面提供支撑；在产权保护方面，可以提供选择性激励，制定"产权明晰、责权明确、分配合理"的产权制度，形成多元化股权设置，建立日常性的监管参与和财务公开机制，充分激发农民主体性参与。

---

① 推动小农户与现代农业有机衔接．（2021-01-29）．http：//www.xinhuanet.com/politics/2021-01/29/c_1127040725.htm.
② 国务院关于印发"十四五"推进农业农村现代化规划的通知．（2022-02-11）．http：//www.gov.cn/zhengce/zhengceku/2022-02/11/content_5673082.htm.

第二篇

实施乡村建设行动

第二章

（附加值财政支出）

党的二十大报告提出："统筹乡村基础设施和公共服务布局，建设宜居宜业和美乡村。"农村现代化是乡村振兴的核心内容和重要实现标志。长久以来，为实现国家发展目标，农业和农村曾长期为工业化和城市化提供劳动力、土地、资金等，乡村自主建设的能力遭到严重削弱。为此，中国从 2005 年起就投入大量人力物力财力先后进行了新农村建设和美丽乡村建设，并在很多村庄取得了良好的成效，为乡村振兴打下了良好的基础。但是当前我国各地区城乡发展不平衡的现象依旧存在，部分乡村的建设仍旧处于无序状态，一些乡村地区基础设施和公共服务落后于城市的状况并未改变，乡村环境污染问题依然严重。因此，加快推进乡村建设俨然成为全面落实乡村振兴战略、实现农业农村现代化的艰巨任务。为了进一步提升乡村建设能力，"十四五"规划提出，"把乡村建设摆在社会主义现代化建设的重要位置"，2022 年 5 月 23 日中共中央办公厅、国务院办公厅发布的《乡村建设行动实施方案》提出，"乡村建设是实施乡村振兴战略的重要任务，也是国家现代化建设的重要内容"，意味着我国步入全面实施乡村建设行动新阶段。

全面实施乡村建设行动，要强化规划引领。我国幅员辽阔，不同地区发展情况相差很大，很难适用统一的乡村建设政策，因此各地需要因地制宜编制长远性的乡村规划，切实强化乡村建设的规划引领。全面实施乡村建设行动，要提升乡村基础设施和公共服务水平。现阶段，城乡差距大最直观的是基础设施和公共服务差距大，因此实施乡村建设行动必须在补短板上用全劲、使全力，推进城乡基础设施一体化和基本公共服务均等化。全面实施乡村建设行动，需要改善农村人居环境。改善农村人居环境事关农民生活水平的成色，必须扎实推进农村人居环境整治行动，持续改善村容村貌和人居环境，建设美丽宜居乡村。

第二篇的章节安排如下：第四章是"强化乡村建设的规划引领"，主要探讨如何统筹县域城镇和村庄规划建设，提升乡村建设水平；第五章是"提升乡村基础设施和公共服务水平"，主要探讨如何在县域城乡融合的过程中推动实现城乡基础设施一体化和城乡基本公共服务均等化；第六章是"改善农村人居环境"，主要探讨如何瞄准垃圾、污水、厕所等主要问题稳步治理农村环境，建设美丽宜居乡村。

第四章

强化乡村建设的规划引领

　　乡村建设，规划先行。规划是按照事物发展的规律和规则对特定领域的未来发展愿景进行整体性谋划的系统过程，也是宏观调控、政策引导、空间约束的重要手段。乡村地区要提升建设水平迫切需要解决规划问题。因此，无论是发达国家还是发展中国家，都注重发挥规划对统筹城乡建设的引领性和支撑性作用。如英国将乡村规划纳入"中央—郡级—村镇"三级综合规划框架中，鼓励居民参与乡村规划设计；德国实行"联邦—州—乡村"三级规划体系，并给予乡村政府自主权、村民参与权；美国对乡村规划给予与城市规划层级的等同性，实行城乡均等的区域规划策略。由于城乡发展战略的差异性，我国的乡村规划经历了从附属于城市到独立自主的发展过程，并伴随着农业农村地位的上升得到重视，在《乡村振兴战略规划（2018—2022 年)》、《中华人民共和国乡村振兴促进法》、《乡村建设行动实施方案》、历年中央一号文件以及《自然资源部办公厅关于加强村庄规划促进乡村振兴的通知》、《住房城乡建设部关于进一步加强村庄建设规划工作的通知》等文件中被多次强调，各地试点工作也陆续开展。

　　然而从现实情况来看，目前我国始终没有探索出具有普适性、推广性的乡村规划体系，各地试行的规划在主要内容、法律地位与实际作用等方面也表现出一定差异，"十四五"时期乃至更长时间内，乡村规划的编制将是关系到乡村建设成效的重点工作。乡村规划是一项立足当前、着眼长远的系统工程，如何落实好中央政策、如何在空间上落地、如何在实际工作中推动，成为各级政府急需解决的问题。总的来说，根据"十四五"规划的要求，"十四五"时期甚至之后更长一段时间内开展乡村规划工作，关键原则是注重统筹县域城镇和村庄发展，在此基础上优化布局乡村生产生活生态空间，因地制宜分类推进村庄建设，并在规划编制过程中强调实用性，最终实现乡村建设的规划引领。

| 第一节 |

统筹县域城镇和村庄规划建设

一、统筹乡村规划建设在曲折中推进

长期以来，受城镇化和城乡二元结构的影响，我国对乡村地区的规划引领处于滞后、被动地位，乡村地区的空间规划及体系混乱且多变。伴随着国家对乡村发展的重视，乡村规划逐渐受到关注，其自身的规律性和独立性逐步得到重视，统筹县域城镇和村庄规划建设工作逐步提上日程。总体来看，全国乡村体系规划的编制经历了 20 世纪 90 年代中后期—2005 年的附属性阶段、2005—2010 年的半独立阶段、2010—2015 年的趋独立阶段以及 2015 年以后的独立统筹阶段。在乡村规划的发展过程中，住房和城乡建设部持续开展乡村建设规划的试点工作，力求改革创新乡村规划理念和方法，树立一批符合农村实际、具有较强实用性的乡村规划示范。如 2014 年组织全国 31 个省（自治区、直辖市）在村庄规划、镇规划和县域村镇体系规划三个层面开展规划试点工作，并确定北京市延庆县四海镇南湾村等 14 个村庄规划、山西省高平市马村镇等 19 个镇规划和河北省张

北县等 7 个县域乡村建设规划为全国村庄规划、镇规划和县域乡村建设规划示范。2016 年在县（市）域和村庄两个层面开展了规划试点工作，并确定了河北省邢台市邢台县等 37 个县（市）域乡村建设规划示范和北京市门头沟区大台街道千军台村等 87 个村庄规划示范。各地试点工作的开展为全国各地区乡村规划的编制提供了借鉴，极大地带动了乡村规划工作的开展。各省市也根据实际情况因地制宜展开各项规划行动统筹县域城镇和村庄发展，如河南省于 2019 年 7 月启动"乡村规划千村试点"工作，在省委省政府的高位推动下由县域具体负责各项统筹工作，推动河南省走在乡村规划的前列①。2021 年，住房和城乡建设部在河北省石家庄市平山县等 27 个省（区、市）和新疆生产建设兵团选择了 81 个样本县开展乡村建设评价工作，聚焦于发展水平、农房建设、村庄建设、县城建设等 4 方面②，评价工作的开展为"十四五"时期推进乡村规划工作注入了新的力量。

二、统筹县域城镇和村庄规划建设面临挑战

各地区持续开展的乡村规划试点工作取得了重要成就，为统筹县域城镇和村庄规划建设提供了重要借鉴。但是不可否认，当前仍旧有部分地区乡村地区的规划体系尚未建立，乡村规划的对象、特征和内涵尚不清楚，与原来发展规划、城乡规划、土地规划的关系也尚未理清，"十四五"时期乃至更长时间内，统筹县域城镇和村庄规划建设仍旧是一项迫切而艰巨

① 张中强 . 绘好发展蓝图 助力乡村振兴：河南省"多规合一"适用性村庄规划编制工作综述 . 资源导刊，2021（6）.

② 住房和城乡建设部关于开展 2021 年乡村建设评价工作的通知 .（2021 - 07 - 29）. https：// www. mohurd. gov. cn/gongkai/fdzdgknr/zfhcxjsbwj/202107/20210729_761428. html.

的工作。

第一，我国城乡二元体制造成城乡之间、县村之间差异巨大，统筹县乡村发展难度巨大。进一步地，目前城乡之间人口流动频繁更增加了乡村规划的编制难度，乡村人口进城的大趋势没有根本性变化，根据《2020年农民工监测调查报告》，2020年全国农民工总量高达28 560万人[①]，但与此同时也出现了越来越多从城市到农村落户的现象，特别在东部沿海发达地区，在临近大城市的郊区更加突出。这种人口流动在某些地区加剧了村庄的空心化，在某些地区却增加了村庄的承载压力，给规划带来极大挑战。

第二，在工业化和城镇化的浪潮之下，目前我国乡村正在面临剧烈转型，乡村规划首先面临的是发展目标的选择问题，即乡村发展的目标是转向城市还是发展更好的村庄，如何在区域范围内实现县乡村的协调发展是亟须解决的难题。

第三，我国乡村曾经一度处于被忽视的地位，加之乡村本身兼具生产生活等多种功能，导致部分乡村布局处于杂乱状态。而我国县域面积广阔，行政村面广量大且地方特色明显，面对数量可观且差异显著的编制对象，如何统筹县乡村发展、有效推进乡村规划编制工作可谓是耗时耗力的巨大工程。

第四，目前全国各地已编制的乡村规划到底有没有用，在现实中存在很多疑问。如根据地方实践来看，现有村庄规划在一定程度上存在追赶进度和拼凑、复制、模仿、拿来等实际问题，其中强制性的村庄撤并、合村并居等行为更是严重违背了农民意愿，造成农业农村资源浪费和矛盾激

---

① 2020年农民工监测调查报告. (2021-04-30). http://www.gov.cn/xinwen/2021-04/30/content_5604232.htm.

化，阻碍了乡村振兴的进程。以河南省为例，截至 2019 年，河南省近 4.58 万个村庄中仅有 43％的村庄编制过不同类型、不同内容的村庄规划，并且存在严重的不协调、不衔接、不科学、不实用等问题①。

三、统筹规划需要"跳出村庄看村庄"

乡村是指城市建成区以外具有自然、社会、经济特征和生产、生活、生态、文化等多重功能的地域综合体，按照聚落体系呈现出县域—镇域—村域等层级形态。"十四五"规划明确指出，把乡村建设摆在社会主义现代化建设的重要位置需要"统筹县域城镇和村庄规划建设"，意味着"十四五"时期推进乡村规划工作需要更加深入地统筹县域城镇和村庄发展，避免县乡村割裂造成片面式的结果。从试点地区经验来看，作为 2014 年试点地区的广东省广州市增城区和 2016 年试点地区的陕西省渭南市澄城县，其经验皆是"跳出村庄看村庄"，尤其是增城区按照"县域城乡发展体系＋美丽乡村群建设规划"两者结合的模式开展规划设计，取得了良好成效。根据各地试点地区经验以及相关文件要求，"十四五"时期统筹县域城镇和村庄规划建设，需要从两方面重点关注。

首先，明确县乡村各级政府的工作重点，结合不同层次的政府事权区分好不同层级的乡村规划类型、方法和内容，县域规划注重宏观统筹协调，做好"坚持县域规划建设一盘棋"②，村庄规划注重具体实施，探索构建乡村地区的规划体系。县域乡村建设规划的地位决定了它的规划特点非

---

① 河南省自然资源厅"乡村规划千村试点"工作启动.（2019 - 07 - 18）. http：//www. henan. gov. cn/2019/07 - 18/936120. html.

② 中共中央办公厅 国务院办公厅印发《乡村建设行动实施方案》.（2022 - 05 - 23）. http：//www. gov. cn/zhengce/2022 - 05/23/content_5691881. htm.

常鲜明，既包括区域层面的协调，又需要指导具体的村庄空间布局，因此必须从区域发展和城乡一体的角度进行思考，以城乡融合为导向，在通盘考虑土地利用、产业发展、居民点建设、人居环境整治、生态保护、防灾减灾和历史文化传承的基础上合理布局县乡村发展空间，确定各不同类型的发展模式及发展策略。村庄规划则在县域规划的指导下，根据村庄特点重点关注产业建设、农房建设与管理、农村基础设施、环境风貌整治、乡村文化建设等问题。在落实层面则需要建立相应的工作指挥体系，如河北省邯郸市峰峰矿区在乡村建设行动中坚持规划先行，区委书记作为一线总指挥，用干部、激动力、抓重点、建制度，乡镇书记作为施工队长，跑乡村、做规划、凑资金、保质量，村支部书记作为班组长，强支部、带群众、促产业、弘乡风，切实构建起"区统筹、镇负责、村抓落实"齐抓乡村振兴格局，探索出一条适合自身发展的道路①。

其次，规划必须加强"多规协调"，做到"多规合一"。由于过去部门主导、条块分割的规划管理体系，以及乡村空间异质性、类型多样性等特征，乡村规划类型多样并隶属不同的管理部门，各类规划编制标准与技术方法不同，甚至规划目标与思路相互矛盾，造成县域城镇与村庄发展相互冲突。而浙江省从启动"千村示范、万村整治"工程到建设美丽乡村取得重大成效，基本经验是以科学规划为先导，一张蓝图绘到底，久久为功搞建设。因此"十四五"时期编制乡村规划，要充分对接包括国民经济与社会发展规划、城市规划、镇规划及土地利用总体规划等在内的各类规划，特别是县域规划需要按照城乡统筹的发展目标，提出既不突破政策红线和上位规划的强制性

---

① 河北省邯郸市峰峰矿区以"五变"为抓手大力实施乡村振兴战略. (2020 - 12 - 08) http：// www. ghs. moa. gov. cn/xczx/202012/t20201208 _ 6357788. htm.

要求，又能促进县域内不同区域和不同类型村庄优化发展的规模分配方案和用地控制要求等，这是决定规划能否有实效的关键之一。

｜ 第二节 ｜

优化乡村发展布局

一、优化乡村发展布局面临新旧矛盾

乡村规划是解决乡村发展不平衡的一种公共政策，重点是解决乡村资源不协调、空间配置不合理的问题。面对城乡差距大、乡村布局乱、农村脏乱差等问题，各地区充分发挥主观能动性，根据地区发展情况因地制宜布局乡村发展空间并取得了良好的成绩。其中浙江省自 2003 年以来实施的"千村示范、万村整治"工程是个中翘楚，经过"千万工程"，浙江省已经构建了城乡"无缝衔接"的发展格局，达到了"农村是城市的后花园，城市是农村的 CBD"的效果，改变了农村普遍存在的"脏、乱、散、差"状况，在实践过程中形成了诸如试点先行、城乡对接、因地制宜的良好经验①。而随着脱贫攻坚战的胜利和乡村振兴战略的全面展开，各地优化乡村发展布局的条件逐渐成熟。在此背景下国家提出"十四五"时期强化

---

① 浙江推进"千村示范、万村整治"工程纪实. (2018 - 04 - 25). http：//cpc. people. com. cn/n1/2018/0425/c419242 - 29948179. html.

乡村建设规划引领为各地优化乡村发展布局带来了重大机遇，但由于一些历史原因以及新形势的剧烈冲击，优化乡村发展布局工作仍旧面临巨大挑战。

第一，巨大的城乡反差使得全国不少地区县乡村发展仍旧处于割裂状态，不仅使得县域内各个分区没有明确的功能定位，也造成县乡之间不合理的布局。浙江"千万工程"实施之前，在金华浦江，县里开了上万家水晶加工小作坊，污水直排把溪河染成了乳白色，村民们守着大江却没水喝；在湖州长兴，因为县里的蓄电池、粉体等高污染产业，村民要戴着口罩才敢出门。尽管当地县村不合理布局已经改正，但这种情况仍旧是目前全国不少地区的现实写照。第二，由于兼顾生产生活生态等多种功能以及农村长久以来的"聚居"特点，全国部分地区村庄内部没有明显的功能分区，生产生活混居一体致使村庄内部较为混乱，部分地区存在"违章建遍地，猪舍飘臭气；污水靠蒸发，垃圾靠风刮"的局面。第三，农村生产力水平的提高和生产关系的变化导致承载着当时乡村居民生产和生活功能需要的乡村空间形态正面临"退出历史舞台"的挑战，一方面冲击着原有的生产布局，比如庭院经济，另一方面也对乡村长期形成的历史文化积淀造成影响，如何处理好发展与保护的关系给乡村布局带来了挑战。

二、优化乡村发展布局需要县乡村综合发力

面对优化乡村发展布局的挑战，为切实做好"十四五"时期乡村规划工作，各地区仍旧需要在国家政策文件的指引下积极发挥主观能动性，摸索出适宜的布局方式。

首先，县域层面需要理顺工作思路，站在宏观角度结合当地自然地理基础、产业发展和基础设施布局等进行规划布局，竭力实现城乡之间的互

联互通。如广东省广州市增城区构建以居民需求为依据的城乡生活圈公共服务体系，以不同生活圈的服务半径、服务规模为依据，分为居民点生活圈（村级设施配套标准）、一次生活圈（多村共享设施布局指引）、二次生活圈（镇级设施统筹布局）、三次生活圈（区级设施统筹布局），突破了村镇规划中长期采用的公共服务设施层层划拨、集中配置的传统技术路径，在公共服务方面实现优化布局。

其次，作为地理空间上的重要发展区域，县级层面需要确定县乡村的整体功能定位，合理划定各类空间管控边界，做到合理布局生活空间、严格保护生产空间和生活空间。其中布局乡村生活空间应当注重保障农村居民基本生活和乡村的传统风貌，遵循乡村传统肌理划定空间管控边界；布局乡村生产空间既要充分考虑到乡村作为国家农业生产阵地的重要战略地位，又要因地制宜以促进县乡村经济发展为重要目标；布局乡村生态空间需要注重促进乡村可持续发展，以"绿水青山就是金山银山"的发展理念协调布局县乡村生态空间，在促进区域发展的同时实现乡村生态空间的保护。其中，布局生产空间和生态空间的重点工作之一为结合县域内生产发展和生态保护的需要，科学划定养殖业的适养、限养、禁养区域，实现改善生态环境和促进畜牧业持续健康发展的双赢。贵州省湄潭县在优化发展布局上的做法能够为全国其他地区提供借鉴：一方面按照发展功能的差异性，将全县划定为三大片区九个分区，明确各自发展功能定位；另一方面严格划定控制线调整空间布局，不仅保障生态安全和粮食安全优先划定耕地控制线和生态控制线，也合理划定建设用地规模控制线优化建设布局，同时注重增强规划弹性，预留满足特定条件后可开展乡村建设的空间。

最后，乡镇和村级层面重点在于根据县域的规划布局方向以及村庄的现实情况合理划定村庄内部功能分区，注重以突出村庄特色为导向对村庄产业、农房建设、基础设施等确定合理的布局方式。在布局过程中注意处理好发展与保护的关系，"在发展中保护、在保护中发展"，既要尊重我国国情、保护和传承乡村优秀传统文化，又要努力实现保育乡村生态环境质量并促进地方社会经济可持续发展。河南省自 2019 年开启"乡村规划千村试点"工作以来，各地以"接地气"的方式进行村庄布局，已经涌现出多个具有示范意义的村庄，发挥了重要的示范引领作用。如嵩县黄庄乡三合村结合写生基地的特色，对传统风貌建筑和民宿经营管理进行了改造升级，进一步突出优化手绘小镇的特色，形成了集文创写生核心区、农业观光体验区、社会实践体验区、户外探险体验区和康养民宿度假区为一体的产业布局体系；信阳市明港镇新集村按照"尊重自然环境做特色、尊重村庄肌理做优化、尊重群众意愿做美化"原则，对村庄进行统一规划、美化提升，既提升了村庄的"颜值"，又留住了乡愁。

| 第三节 |

分类推进村庄建设

一、分类推进村庄建设面临多重挑战

做好村庄分类是乡村规划的重要目的，也是编制村庄规划的基本前

提。我国乡村面积广阔、复杂不一，不同乡村特色、功能和优势各不相同，发展现状、区位条件、资源禀赋等特征存在较大差异，乡村振兴的阶段性目标与路径也不尽相同，因此分类推进村庄建设是全面落实乡村振兴战略、实现农业农村现代化的必然选择，也是编制村庄规划的重中之重。当前"分类推进村庄建设"已经成为中央各项文件的强调重点，国内也就村庄分类进行了一定的理论与实践探索，如：2014 年农业部以"美丽乡村"为创建目标提出产业发展型、生态保护型、城郊集约型、社会综治型、文化传承型、渔业开发型、草原牧场型、环境整治型、休闲旅游型、高效农业型等十大模式①；2018 年中共中央、国务院提出集聚提升类、城郊融合类、特色保护类、搬迁撤并类四种模式②，但在实际操作过程中也暴露出一些问题，导致"十四五"时期分类推进村庄建设面临系列挑战。

第一，村庄分类的四种模式给各级政府探寻村庄发展目标与发展路径提供了一定的指导方向，但并未具体言明分类方式、典型特征以及未来推广的适应范围和约束性条件等，因而导致地方由于理解不当与推进失误出现了一些问题。第二，由于忽视地区之间的自然和经济差异等，某些地区在推进村庄分类的过程中出现了一刀切的现象，比如在山区、平原、丘陵地区采取千篇一律的村庄建设行动，既造成资源浪费，又无法有效推进村庄发展。第三，由于对各类村庄分类理解不够以及盲目推进城镇化等原因，一些地区出现了违背农民意愿的村庄撤并、合村并居等问题，并且由

---

① 中国"美丽乡村建设"十大模式. （2014 - 02 - 24）. http：//jiuban. moa. gov. cn/zwllm/zwdt/201402/t20140224 _ 3794984. htm.

② 中共中央 国务院印发《乡村振兴战略规划（2018—2022 年）》. （2018 - 11 - 29）. http：//www. moa. gov. cn/ztzl/xczx/xczxlgh/201811/t20181129 _ 6163953. htm.

于规划失误、保障措施不到位等导致社会矛盾突出。为此,2021年中央一号文件与《中华人民共和国乡村振兴促进法》均明确强调要严格规范村庄撤并,严禁违背农民意愿、违反法定程序撤并村庄,体现出当前严格规范村庄分类的重要性和紧迫性。

二、分类推进村庄建设关键是尊重规律、因地制宜

好的村庄分类应当是清晰且具有较强可行性的,在明确国家对村庄分类四种模式的基础上,"十四五"时期各级政府在分类推进村庄建设过程中,需要切实增强村庄分类的可行性,以便更有效地服务于乡村振兴决策与实践。从实施主体来看,一般而言是省级定标准,市县分好类,乡镇抓落实,因此市县是进行村庄分类的主体,需要从整体层面来确定村庄分类。在具体分类过程中,应当从以下方面着手着力推进村庄分类工作。第一,尊重规律,科学推进。村庄分类要遵循乡村地域系统演化的一般规律,"跳出村庄看村庄",在市县范围进行统筹谋划,兼顾现实情况特征和长远发展需要,明确村庄发展的各阶段目标,注重可持续发展能力的塑造,提升为主、撤并为辅。对于短期看不准的村庄,需留足观察和论证时间再行研判和确定。第二,因地制宜,突出特色。2018年习近平总书记参加十三届全国人大一次会议山东代表团审议时强调:"要推动乡村振兴健康有序进行,规划先行、精准施策、分类推进,科学把握各地差异和特点,注重地域特色,体现乡土风情,特别要保护好传统村落、民族村寨、传统建筑,不搞一刀切,不搞统一模式,不搞层层加码,杜绝'形象工程'。"① 按

---

① 习近平讲故事:实施乡村振兴战略是一篇大文章. (2020 - 09 - 17). http://jhsjk.people.cn/article/31864812.

照习近平总书记的指示，各市县应根据自身实际情况，综合考虑社会经济、历史文化、生态环境、区位条件、产业特征等指标建立县域内村庄分类的具体标准，进行符合实际与特色的分类。第三，分类施策，动态管理。要把握村庄的差异化发展特征，建立差别化、针对性的分类指导方案，确保村庄振兴措施能够与国家政策要求、区域发展背景、村庄现实情况和农户发展诉求等相适应。在村庄发展形势发生重大变化时，可适时调整村庄类型，确保发展政策与发展需求的协同。

在村庄分类的基础上，如何具体实现各类村庄的差异化发展是需要各地区在"十四五"时期乃至今后更长一段时间内持续推进的事业。尽管当前分类推进村庄建设在全国层面仍旧处于前期阶段，但是根据国家政策导向以及各地区的试点经验，四类村庄在发展方向上应当各有侧重。其中，集聚提升类村庄是村庄发展中的大多数，需要科学确定村庄发展方向，在原有规模基础上有序推进改造提升，注重发挥自身比较优势，建设宜居宜业的美丽村庄；城郊融合类村庄重在强化规划发展管控，按照基础设施城镇化、居住管理社区化、生活方式市民化标准纳入城市统一管理；特色保护类村庄重在加强历史文化资源、传统建筑、民风民俗保护，在保持原生态环境和村庄传统格局基础上有序推进村庄更新改造，适度发展文化旅游等环境友好型产业；搬迁撤并类村庄重在按照靠县城、靠乡镇、靠园区、靠景区原则进行安置，并妥善处理好搬迁后续问题，在实施过程中需要严格注意尊重农村居民发展意愿，严禁随意强制撤并搬迁。

│ 第四节 │

编制实用性村庄规划

村庄规划的目的是引领村庄建设，因此村庄规划的实用性至关重要。县乡级别的规划重在统筹区域发展并确定村庄发展方向，因此实用性更多地体现在因地制宜的差异化发展思想上，而作为具体指导村庄建设的村庄规划，好用、管用是其基本要求。随着村庄规划试点工作的展开，各地区在编制实用性村庄规划方面形成了切实可行的措施，能够为"十四五"时期探索编制好用、管用的实用性村庄规划提供借鉴。

一方面，村庄规划的编制应当有序进行、因地制宜。我国村庄发展状况千差万别，编制村庄规划并非意味着对所有村庄的全覆盖，要切忌盲目编制带来资源浪费。为此，历年中央一号文件、《自然资源部办公厅关于加强村庄规划促进乡村振兴的通知》和《住房城乡建设部关于进一步加强村庄建设规划工作的通知》等文件均对此提出了一定的要求，基本原则是有条件、有需求的村庄应编尽编，暂时没有条件编制村庄规划的，可在县、乡镇国土空间规划中明确村庄国土空间用途管制规则和建设管控要求作为核发乡村建设项目规划许可的依据，对已经编制的原村庄规划、村土地利用规划经评估符合要求的可不再另行编制。河南省在村庄规划编制工作过程中对这一要求进行了贯彻落实。针对河南省村庄量大面广、情况千差万别、规划基础薄弱的现状，为避免"一哄而上"片面追求全覆盖村庄规划脱离实际，河南省按照"试点先行、典型引路、分类指导、有序推进"原则开展村庄规划编制工作，如安阳市坚持分类推进，对有条件、有需求或纳入乡村振兴示范点的村庄，有序开展实用性村庄规划编制，指导村庄建设和品质提升；对其他位于城镇开发边界之外，暂不进行开发建设或只进行简单人居环境整治的村庄，编制控制性村庄规划，框定村庄边界，满足极少数村民宅基地建设需求，快速完成村庄的画圈、定点、塑形、规制。

另一方面，村庄规划应当注重加强使用上的实用性。谈实用性，首先应当理清"谁用"的问题。一是政府用。村庄规划是国土空间规划体系中乡村地区的详细规划，是政府对村庄进行各项建设的依据，因此要从有利于乡村规划实施管理的角度确定规划内容、管控要素、管控深度，并保持适度弹性，提高规划的可操作性。此外，考虑到乡村一直处于渐进变化之中，村庄规划应该是动态跟进并可进行适宜性调整的。二是村民用。村民是村庄规划的直接受益者，村庄规划需要体现农村居民的真实需求并能够为村民所用，这要求规划人员深入农村进行全方位调研，并积极引导群众参与到规划编制工作当中。如河南省自然资源厅会同省农业农村厅组成调研小组走访127个行政村，对规划师的驻村时间和入户调研提出硬性要求，即规划师一次连续调研时间不得少于10天、驻村时间不得少于30天、入户率不得低于70%，确保村庄规划能够真正反映农村居民实际需求。贵州省湄潭县通过召开群众会，让群众就道路建设、文化保护、公共服务、产业发展等十个方面的项目提出建议，协商确定规划内容，避免盲目推进村庄规划编制。三是社会用。乡村振兴战略实施以来，田园综合体、特色田园乡村、美丽乡村建设等实践在全国各地相继开展，社会各方力量踊跃参与到乡村振兴的时代洪流之中。因此，村庄规划也要一定程度响应市场需求，在用地布局、项目安排、弹性引导等方面为社会各界力量参与乡村振兴提供便利。

第五章

提升乡村基础设施和公共服务水平

改革开放 40 多年来，我国工业化、城镇化、信息化快速发展，农业农村现代化、城乡发展一体化持续推进，在半个多世纪里，乡村发展大致经历了从解决温饱、小康建设到实现富裕的"三阶段"。2020 年全面打赢脱贫攻坚战以及全面建成小康社会标志着我国已经进入乡村发展的全新阶段，全面落实乡村振兴战略成为"十四五"时期以及今后很长一段时间的战略重点，其中乡村建设是重中之重。

特别地，用于满足农村居民基本生活需求并决定其生活质量的农村基础设施和公共服务成为乡村建设的关键内容。习近平总书记在 2020 年中央农村工作会议上强调："要实施乡村建设行动，继续把公共基础设施建设的重点放在农村，在推进城乡基本公共服务均等化上持续发力，注重加强普惠性、兜底性、基础性民生建设。"① 因此，"十四五"时期推进乡村建设行动需要将提升农村基础设施和公共服务水平作为重要工作持续推进。为此，需要切实推进县域城乡融合，在县域城乡融合的过程中推动实现城乡基础设施一体化和城乡基本公共服务均等化，加快补齐农村民生短板，提高农村美好生活保障水平，让农民群众有更多实实在在的获得感、幸福感、安全感。与此同时，注重全面推进乡村人才振兴，提升乡村软实力，为全面推进乡村建设提供人才支撑。

---

① 习近平在中央农村工作会议上强调 坚持把解决好"三农"问题作为全党工作重中之重 促进农业高质高效乡村宜居宜业农民富裕富足．人民日报，2020－12－30．

| 第一节 |

推进县域城乡融合

一、县域是推进城乡融合的基本空间

提升农村基础设施和基本公共服务水平是全面落实乡村振兴战略、实现农业农村现代化的必然要求。从农村基础设施和基本公共服务建设过程来看，曾经的二元经济体制造成城乡之间基础设施和基本公共服务一度差异巨大。伴随着城乡关系从城乡分割到城乡统筹再到城乡一体化，最后到城乡融合的渐进发展，我国农村基础设施和公共服务初步实现了从无到有、从少到多，有效遏制了城乡基础设施和基本公共服务差距的扩大趋势。因此，新时期提升农村基础设施和基本公共服务水平并非农村单独割裂的事业，仍旧需要在城乡融合的趋势下全力推进城乡基础设施一体化和城乡基本公共服务均等化。正如习近平总书记指出："现阶段，城乡差距大最直观的是基础设施和公共服务差距大。农业农村优先发展，要体现在公共资源配置上。"①

城乡融合发展的本质在于构建一个城乡良性互动的有机融合体，侧重

---

① 习近平论"三农". (2019 - 05 - 08). http://cpc.people.com.cn/n1/2019/0508/c64094 - 31072879.html.

点在于城乡之间的互通共融，并不意味着城乡差别的彻底消失，也不意味着区域之间由非均质空间演变为一种彻底的均质空间，但在基础设施、公共服务、社会福利等方面的差距将逐步缩小以致消除。因此，在城乡融合背景下实现城乡基础设施一体化和城乡基本公共服务均等化，需要明确城乡融合的区域范围。区域是具有一定空间范围与地域功能的地理单元。区域之间通常表现出明显的边界性、差异性，而区域内部具有一定的连续性、层次性。在不同层级的区域体系中，县域是中国最基本、最稳定的行政单元，它对上承接国家及省市级主体功能，对下直接联系城镇与农村，是连接城市与乡村的重要纽带。而就其自身状况来看，县域本身承载着政治、经济、文化、生态等不同的地域功能，包含着不同的区域土地利用类型，并在区域内部具有一定的连续性，发挥着区域协调的重要作用。以县域为城乡融合发展的基本单元，是新时期推进城乡融合、落实乡村振兴战略的重要特色，在众多文件中得到了强调。如 2021 年中央一号文件明确要求，"把县域作为城乡融合发展的重要切入点"①。"十四五"规划明确强调，"以县域为基本单元推进城乡融合发展，强化县城综合服务能力和乡镇服务农民功能"②。2022 年 5 月 6 日，中共中央办公厅、国务院办公厅印发《关于推进以县城为重要载体的城镇化建设的意见》指出，"县城是我国城镇体系的重要组成部分，是城乡融合发展的关键支撑，对促进新型城镇化建设、构建新型工农城乡关系具有重要意义"③。

---

① 中共中央 国务院关于全面推进乡村振兴加快农业农村现代化的意见. （2021 - 02 - 21）. http：//www. gov. cn/xinwen/2021 - 02/21/content _ 5588098. htm.

② 中华人民共和国国民经济和社会发展第十四个五年规划和 2035 年远景目标纲要 . （2021 - 03 - 13）. http：//www. gov. cn/xinwen/2021 - 03/13/content _ 5592681. htm.

③ 中共中央办公厅 国务院办公厅印发《关于推进以县城为重要载体的城镇化建设的意见》. （2022 - 05 - 06）. http：//www. gov. cn/zhengce/2022 - 05/06/content _ 5688895. htm.

二、县域城乡融合需要统筹推进

县域城乡融合建立在工业化、城镇化、农业现代化以及信息化的发展基础上，以保持县域范围内城乡各自的特色和功能分工为基本前提，借助城乡之间生产要素双向流动和发展成果共享机制破除城乡二元体制，构建一个县域范围内的城乡有机互动融合系统。"十四五"时期推进县域城乡融合，需要在多个方面打造最适合县乡村统筹发展的发展方式。第一，把县域作为城乡融合发展的重要切入点，需要强化统筹谋划和顶层设计，将本县域内各类乡镇和村庄的发展纳入县域发展统一规划和发展布局予以明确，在发展战略上做到统筹县域城镇和村庄建设发展。在过程中要注意强化县城综合服务能力，把乡镇建设成为服务农民的区域中心，实现县乡村功能衔接互补。第二，推进县域城乡融合发展，关键是破除城乡分割的体制弊端，加快打通"人地钱"等城乡要素平等交换、双向流动的制度性通道。如：在人的方面，积极推动在县域就业的农民工就地市民化，增加适应进城农民刚性需求的住房供给；在地的方面，允许县级政府优化村庄用地布局，有效利用乡村零星分散存量建设用地等；在钱的方面，完善财政、金融、社会资本的多元投入格局，为农业农村发展提供资金支持等。第三，要在县域内统筹考虑城乡产业发展，合理规划乡村产业布局，形成县城、中心镇（乡）、中心村层级分工明显、功能有机衔接的格局，为促进县域城乡融合提供产业支撑。第四，积极推进县域内基础设施一体化和基本公共服务均等化，要推进基础设施和基本公共服务向乡村延伸，实现城乡基础设施互联互通、公共服务普惠共享，使得县域内的居民能够享受到同等水平的基础设施和基本公共服务。第五，推进县域城乡融合，应有序推进以人为核心、以县城为重要载体的新型城镇化建设，在有条件的地区按照小城市标准建设县城，促进大中小城市和小城镇协调发展。

总体而言，县域城乡融合既能在差别较小的地域空间内更加方便地实现城乡之间"人地钱"要素流动和资源交换，又能通过县域范围内基础设施、基本公共服务体系的均等覆盖达到城乡之间无实质差距的状态，实现城乡基础设施一体化和基本公共服务均等化。综合来看，"十四五"时期乃至今后更长一段时间内，推进县域城乡融合将是我国实施城乡融合发展的基本抓手，是全面落实乡村振兴战略的关键。

第二节
城乡基础设施一体化

一、"十三五"期间农村基础设施建设取得重要成就

加强农村基础设施建设是直接关乎农民生产生活质量的重要决策，也是促进城乡融合和落实乡村振兴战略的必然选择。近年来全国采取了一系列有力举措，推动农村基础设施建设取得明显进展。如《乡村振兴战略规划（2018—2022年）》《中华人民共和国乡村振兴促进法》都对新时代农村基础设施建设的主要任务指明了着力方向。从2015年开始，连续几年的中央一号文件都对加强农村公共基础设施建设做出了明确部署。国务院办

公厅印发的《关于创新农村基础设施投融资体制机制的指导意见》、国家发展改革委和财政部印发的《关于深化农村公共基础设施管护体制改革的指导意见》等文件，对加强城乡基础设施建设资金支持、规划布局、建设管护等方面提出了明确要求。2019 年，《中共中央、国务院关于建立健全城乡融合发展体制机制和政策体系的意见》则强调实现城乡基础设施建设的统一规划、统一建设、统一管护机制。2022 年《乡村建设行动实施方案》将农村基础设施建设明确为实施农村道路畅通工程、强化农村防汛抗旱和供水保障等八大工程。

"十三五"期间，各地各部门按照中央要求，坚持把基础设施建设的重点放在农村，持续加大投入力度，加快补上农村基础设施短板，推动农村基础设施提档升级，取得了显著成就。在安全饮水方面，"十三五"期间累计安排农村饮水安全巩固提升中央补助资金 280 亿元，带动地方投入 1 600 多亿元。截至 2019 年底，共建成农村供水工程 1 060 多万处，可服务 9.2 亿农村人口，农村集中供水率提高至 87%，自来水普及率提高至 82%。截至 2020 年 6 月，全国贫困人口饮水安全问题得到全面解决。在供电方面，农村用电条件得到明显改善，供电可靠率超过 99.77%，城乡电力差距明显缩小。在公路建设方面，截至 2020 年底，全国农村公路总里程超过 420 万千米，具备条件的乡镇、建制村通硬化路比例均达到 100%、通客车率分别达到 99.64% 和 99.45%，全国初步形成了以县城为中心、乡镇为节点、建制村为网点的农村公路网络，农村出行难问题得到有效解决。在信息化方面，"十三五"期间城乡信息化鸿沟不断缩小，全国行政村已基本实现光纤到户。截至 2019 年底，全国行政村通光纤和通 4G 比例均超过 98%，提前完成"十三五"规划目标。农村电商快速发展，农民生活的便利化程度不断提高①。

二、农村基础设施建设仍旧面临诸多困境

由于历史欠账较多、融资渠道不畅、体制机制有所欠缺等原因，当前我国农村地区的基础设施建设仍旧面临诸多困境。首先，城乡之间基础设施建设仍旧缺乏足够的协调性，农村基础设施建设在一些层面处于落后地位。一方面，城乡基础设施覆盖率在某些方面存在巨大差异，尤其是农村信息、物流等现代化基础设施供给较为滞后，未来城市5G、人工智能、工业互联网等新型基础设施建设的加快和农村基础设施更新迟缓可能进一步加剧新时期的供给不平衡；另一方面，城乡基础设施质量不均等问题依然存在，如部分农村交通设施工程将建设速度作为考量的首要指标，造成农村交通工程实施时为追求速度而降低施工标准，加之农村居民的利益诉求和表达渠道受阻，导致农村基础设施建设质量落后于城市。其次，农村基础设施建设不足的背后是基础设施建设体制机制的不健全。这一方面表现为规划机制的不健全，尽管现阶段乡村规划已经成为重点问题，但在此之前的农村基础设施建设规划往往是将农村地区作为一个独立区域，除了道路交通较多考虑城乡联系外，其他如污水处理、垃圾处理、能源利用等还处于城乡分离状态；另一方面表现为农村基础设施管护机制的缺位，受农村基层组织以及相关制度不健全等因素的影响，基础设施建成后可能存在"重建轻管""只建不管"等情况，导致基础设施损耗速度加快、利用效率低下。面对城乡基础设施的差距，如何提升农村基

---

① 农业现代化辉煌五年系列宣传之三十二：加快补上农村发展短板 持续推进美丽宜居乡村建设.（2021-08-17）. http://www.ghs.moa.gov.cn/ghgl/202108/t20210817_6374183.htm.

础设施建设数量与质量，推动城乡基础设施制度并轨，是"十四五"时期亟须解决的问题。

三、健全城乡基础设施建设三统一机制

随着"十四五"规划的出台，各部门积极响应并提出相应发展规划，如 2021 年 2 月交通运输部印发的《农村公路中长期发展纲要》中提出："到 2035 年，形成'规模结构合理、设施品质优良、治理规范有效、运输服务优质'的农村公路交通运输体系，'四好农村路'高质量发展格局基本形成。农村公路网络化水平显著提高，总里程稳定在 500 万公里左右"。面对城乡基础设施的诸多难题，为切实做好农村基础设施建设工作，"十四五"时期仍需继续把基础设施建设重点放在乡村，在实现城乡基础设施统一规划、统一建设、统一管护方面持续发力，并注重提升农民参与度。

第一，建立城乡基础设施一体化规划机制。根据城乡基础设施建设的现实需要，科学制定统一规划是第一步。一方面需要统筹县域城镇与村庄发展进行统一规划，注重城乡之间的相互衔接和互联互通，具体需要以市县域为整体，依据城乡发展现状以及乡村发展现实需要统筹规划布局水、电、路、气、通信等设施，鼓励将城市周边农村、规模较大的中心镇纳入城镇基础设施建设规划。另一方面，各地在统一规划时应当因地制宜区分轻重缓急，尤其注重补齐农村基础设施建设的短板，对因城乡之间存在较大差距而阻碍了乡村振兴战略落实的基础设施进行着重规划。

第二，健全城乡基础设施一体化建设机制。农村基础设施本质上属于公共产品，而我国地域面积广阔且差异巨大的农村决定了农村基础设

施建设是一项资金需求巨大的工程，因此推进城乡基础设施一体化建设关键是汇聚各方力量构建多元化建设模式。从国际经验来看，日本在二战后得以成功推进农村基础设施建设的重要原因就是采取多元化建设模式，日本政府在承担主要投资责任的同时，积极吸引和鼓励各种社会力量进入村庄基础设施建设领域。因此，我国"十四五"时期进行城乡基础设施一体化建设不仅要强化政府投入和主导责任，加大政策支持力度，还应引导和鼓励社会资本投向农村基础设施领域，提高建设和管护市场化、专业化程度。具体而言，对乡村道路、水利、渡口、公交和邮政等公益性强、经济性差的设施，建设投入应以政府为主；对乡村供水、垃圾污水处理和农贸市场等有一定经济收益的设施，政府在加大投入力度的同时，应注重积极引入社会资本，并引导农民投入；对乡村供电、电信和物流等经营性为主的设施，建设投入则应以企业为主。此外，对于有条件的地方政府，可以将城乡基础设施项目整体打包，实行一体化开发建设。

第三，建立城乡基础设施一体化管护机制。长期以来"重建轻管""只建不管"造成农村基础设施严重落后的现实情况意味着统一管护是我国加强基础设施建设的重中之重。为此《关于深化农村公共基础设施管护体制改革的指导意见》提出了明确目标："到2025年，政府主导、多方参与、市场运作的农村公共基础设施管护体制机制初步建立，管护主体和责任明晰，管护标准和规范健全，管护经费较好落实，管护水平和质量显著提升。到2035年，城乡一体化管护体制基本健全，权责明确、主体多元、保障有力的长效管护机制基本形成，农村各类公共基础设施管护基本到位。"建立城乡基础设施一体化管护机制，首先应改革农村基础设施的产权制度，根据建设投入主体和规模来确定基础设施的产权归属。如以政府投入为主、规模较大的农村基础设施产权归县级人民政府或授权部门，以政府投入为主、规模较小的农村基础设施产权归农村集体经济组织，企业或农户投资兴建的农村基础设施由投资主体决定产权归属，产权所有者即管护责任落实者。其次要理顺农村基础设施的管理体制，通过探索统一管理体制切实解决多头管理的问题。再次要完善农村基础设施的建设养护机制。农村基础设施养护主体缺失的主要原因是养护经费不足，可以通过将养护经费纳入一般公共财政预算、强化"建养一体化"、出让基础设施冠名权和广告权等多种方式筹集资金，并合理确定养护资金补助标准。最后要改进农村基础设施建设的绩效评价方式。在农村基础设施项目验收时，要强调后期管护在整体项目建设中的重要地位，建立包含基础设施养护在内的绩效考核、监督激励和定期评价机制，杜绝"重建轻管"的现象。

第四，注重提升农民参与度，着力提升农民满意度。乡村建设要坚持以农民为中心，基础设施建设也应当坚持农民主体地位，建立和完善统一建设与管护等机制。比如，在规划设计阶段，要形成"自上而下"与"自下而上"相结合的模式，多方获取农村居民建议并适时纳入规划，使得基础设施能够真正反映农村居民现实需求；在管护阶段，要给予农村居民一定的监督权利，可以借鉴日本、韩国等国家基层农民合作组织或农民监督基础设施建设的经验，组织当地具有一定社会影响力、热心公共事业的农民参与工程监督，及时反馈工程建设质量、资金使用等问题。

城乡基本公共服务均等化

一、"十三五"期间农村公共服务取得重要成就

享有基本公共服务是公民的权利，推进基本公共服务均等化是新时代保障和改善民生水平、推进国家治理体系和治理能力现代化的必然要求。党的十八大以来，国家出台了一系列政策，促进基本公共服务均等化取得实质进展。如"十三五"规划纲要、《"十三五"推进基本公共服务均等化规划》的出台以清单化的方式明确了基本公共服务的范围；《关于建立健全基本公共服务标准体系的指导意见》则注重基本公共服务的标准化和制度化建设。而随着城乡差距的扩大，发展农村公共服务事业、推进城乡基本公共服务均等化成为国家的政策重点。《乡村振兴战略规划（2018—2022 年)》《中华人民共和国乡村振兴促进法》均明确提出要发展农村社会事业，促进公共资源向农村倾斜，推进城乡基本公共服务均等化；《关于建立健全城乡融合发展体制机制和政策体系的意见》强调要建立健全有利于城乡基本公共服务普惠共享的体制机制；《关于建立统一的城乡居民基本养老保险制度的意见》《关于整合城乡居民基本医疗保险制度的意见》《关于进一步完善城乡义务教育经费保障机制的通知》等文件的出台则为具体落实城乡各项基本公共服务均等化提供了依据。

随着各项政策的落实，"十三五"期间我国农村公共服务稳步提标扩面，教育、医疗、养老、社保等不断改善，城乡基本公共服务均等化水平不断提升。在教育事业方面，农村教育财政投入逐年增加，近十年平均增长率保持在 12％以上。截至 2020 年，全国共有各级各类学校 53.71 万所，在校生 2.89 亿人，专任教师 1 792.18 万人，全国九年义务教育巩固率为 95.20％[①]，农村义务教育学校专任教师本科以上学历占比达 65.7％[②]。在医疗卫生方面，农村基层医疗卫生设施明显改善。截至 2019 年，全国 3.02 万个乡镇共设 3.6 万个乡镇卫生院，床位 137.0 万张，卫生人员 144.6 万人。全国 53.3 万个行政村共设 61.6 万个村卫生室，村卫生室人员达 144.6 万人，平均每村卫生室人员 2.35 人，较 2015 年增加 0.09 人[③]。在社会保障方面，我国已经基本建立起以农村社会保险、社会救助、社会福利等为主要内容的农村社会保障制度体系。截至 2020 年底，城乡居民基本医疗保险参保人数达到 101 676 万人，城乡居民基本养老保险参保人数达到 54 244 万人，有 3 621 万人享受农村最低生活保障[④]。在乡村公共文化服务方面，截至 2019 年底，全国共设有乡镇综合文化站 33 530 个，全国有 494 747 个行政村（社区）建成综合性文化服务中心，中国重要农业文化遗产名录在先后公布五批之后数量增加到 118 个[⑤]。

---

① 2020 年全国教育事业统计主要结果.（2021 - 03 - 01）. http：//www. moe. gov. cn/jyb _ xwfb/gzdt _ gzdt/s5987/202103/t20210301 _ 516062. html? ivk _ sa=1024320u.

② 农业现代化辉煌五年系列宣传之三十二：加快补上农村发展短板 持续推进美丽宜居乡村建设.（2021 - 08 - 17）. http：//www. ghs. moa. gov. cn/ghgl/202108/t20210817 _ 6374183. htm.

③ 同②.

④ 中华人民共和国 2020 年国民经济和社会发展统计公报.（2021 - 02 - 28）. http：//www. gov. cn/xinwen/2021 - 02/28/content _ 5589283. htm.

⑤ 同②.

二、城乡基本公共服务仍旧存在数量质量差异

"十三五"期间城乡基本公共服务均等化建设已经取得了重要成就，然而长期的城乡二元体制导致城乡基本公共服务仍旧存在资源配置不均衡、服务水平差异比较大等问题，使得"十四五"时期加强基本公共服务建设存在挑战。第一，农村公共服务供给总量受限，城乡之间存在一定差距。例如在医疗卫生方面，国家统计局数据显示，2019 年城市地区每千人口卫生技术人员数量为 11.10 人，而农村地区仅为 4.96 人，城乡之间仍旧存在较大差距[①]。而且由于城乡居民需求意愿的差异，"十四五"时期城乡之间的基本公共服务可能存在扩大趋势。城乡居民对公共服务的需求意愿均随生活水平的提高而增强，但居民公共服务实际需求量会受到个人收入水平、获取资源的渠道及公共服务可供给的范围等因素的影响，因此城乡收入差距等因素会导致城乡居民的需求存在差异，进一步拉大城乡差距。第二，部分城乡基本公共服务供给质量失衡。一些地方政府由于片面追求农村公共服务供给数量，对公共服务供给质量考虑欠佳，导致形式大于内容。而且由于农村法律和监督机制的缺位以及政府财力有限，农村居民的利益诉求和表达渠道受阻，导致农村公共服务质量难以提升。因此，一般而言，对于同种类的公共服务，乡村的质量较差，城市的质量较高。第三，由于长期以来重城轻乡的发展战略，城乡基本公共服务供给标准不统一、体制机制不健全的现象仍旧存在。比如在财政支持方面，我国存在的城乡二元经济结构导致从中央到地方县域等各级政府在财政分配上均存在

---

① 国家统计局. 中国统计年鉴 2020. http：//www.stats.gov.cn/tjsj/ndsj/2020/indexch.htm.

一定的不均衡现象，城市区域内集中供给公共服务，但农村地区却供给匮乏。综合而言，城乡基本公共服务差异大的状况仍旧存在，实现城乡基本公共服务均等化是"十四五"时期落实乡村振兴战略、实现农业农村现代化的重中之重。

三、推进城乡基本公共服务标准统一、制度并轨

与我国全面建设社会主义现代化国家新征程相适应，根据《关于建立健全城乡融合发展体制机制和政策体系的意见》等文件的要求，我国推进城乡基本公共服务均等化的近期目标是到 2022 年基本公共服务均等化水平稳步提高；中期目标是到 2035 年基本实现社会主义现代化时，基本公共服务均等化基本实现；长期目标是到 2050 年建成富强民主文明和谐美丽的社会主义现代化强国时，城乡全面融合，乡村全面振兴，全体人民共同富裕基本实现。为实现这一目标，"十四五"时期需要采取切实有效的措施推进城乡基本公共服务均等化，健全全民覆盖、普惠共享、城乡一体的基本公共服务体系，推进城乡基本公共服务标准统一、制度并轨。

第一，健全城乡基本公共服务体系。基本公共服务体系的确定是推进城乡基本公共服务均等化的前提和基础。关于基本公共服务的范围，国家已经以清单化的形式予以明确，包括基本公共教育、基本劳动就业创业、基本社会保险、基本医疗卫生、基本社会服务、基本住房保障、基本公共文化体育、残疾人基本公共服务八大类，具体到城乡之间则包括城乡教育、城乡医疗卫生、城乡公共文化、城乡统一的社会保险、城乡社会救助等。在全国性的明确的范围界定的基础上，由于地区之间、城乡之间客观

上存在差异，各级政府应当认真研究各地实际情况，多渠道"自下而上"吸取公众建议，制定出适合本地区的基本公共服务供给规划体系，切实满足本地区广大居民的需求偏好。作为农业农村部首批 18 个全国农村公共服务典型案例之一的浙江海盐县将确定服务清单作为推进公共服务建设的第一步。2017 年在全面梳理各部门基本公共服务项目的基础上，海盐制定发布《海盐县基本公共服务清单》，确定了涵盖公共教育、就业创业、社会保险、医疗卫生等 8 个方面共 117 个服务项目，是全省发布的首份县域基本公共服务清单。

第二，推动城乡基本公共服务标准统一衔接。标准统一是推进城乡基本公共服务均等化的重要要求，而关于标准统一究竟以何种口径来衡量成为工作推进的重要难题。德国从 20 世纪 50 年代起在巴伐利亚州推行城乡等值化理念，通过乡村土地整理、农业产业升级、村庄革新等方式实现"在农村生活，并不代表可以降低生活质量""与城市生活不同类但等值"的目的，使城乡居民得以享受到同等水平的城乡基本公共服务。在城乡等值化理念的指导下，山东省青州市南张楼村、河北省唐山市等地结合地区实际情况开展了城乡等值化试验，并取得了良好成效。这种等值化理念为我国未来推进城乡基本公共服务标准统一提供了借鉴。"十四五"时期推进标准统一，一是要完善各级各类基本公共服务标准，构建涵盖国家、行业、地方和基层服务机构 4 个层面的基本公共服务标准体系，做到明确国家基本公共服务标准、完善重点行业领域标准规范、细化地方具体实施配套标准以及推动基层服务机构标准化管理。二是明确基本公共服务质量要求，提出幼有所育、学有所教、劳有所得、病有所医、老有所养、住有所居等方面的具体保障范围和质量要求，各地根据现实情况相机调整。如海盐县从解决群众最关心最直接最现实的利益问题入手，编制涵盖公共交通、教育、文化等八大方面共 25 项重点项目的服务质量标准。三是创新基本公共服务标准实施机制，各地要促进标准信息公开共享，并开展标准实施监测预警，加强实施结果反馈利用。

第三，推进城乡基本公共服务体制机制建设。制度并轨是推进城乡基本公共服务均等化的另一重要要求，为此要推进城乡基本公共服务体制机制建设，完善城乡基本公共服务制度体系。一是要完善统筹协调机制，尤其是强化县、乡（镇）、村（居）和社区公共服务机构建设，促进城乡之间各类公共服务资源有效整合。二是完善财力保障机制，要建立权责清晰、财力协调的城乡财政关系，明确政府在基本公共服务中的兜底职能，明确中央与地方支出责任划分，重点是增强县级政府财政保障能力，稳定基本公共服务投入。三是完善多元供给机制，形成政府主导、主体多元、竞争有序的基本公共服务供给机制，不仅要扩大政府购买服务的范围，还要积极引导社会力量参与，实现基本公共服务供给主体的多元化。四是完善监督评估机制，制定城乡基本公共服务综合评价指标体系，健全城乡基本公共服务问责制度，加强对工作的动态跟踪检查。如海盐县探索编制《县域基本公共服务均等化实现度评价指标体系》，明确 41 项一级指标和60 项二级指标，按照指标要求每年对县级部门和镇（街道）进行考核评估以检验全县基本公共服务均等化实现度，并将评价结果纳入对镇（街道）和职能部门年度工作目标责任制考核，全力保障基本公共服务工作落到实处。

｜第四节｜
乡村人才振兴

一、"十三五"期间乡村人才队伍逐渐壮大

乡村振兴，关键在人，中央高度重视人才对乡村振兴的支撑作用。《乡村振兴战略规划（2018—2022年）》明确将培育新型职业农民、加强农村专业人才队伍建设、鼓励社会人才投身乡村建设作为强化乡村振兴人才支撑的重点工作；《中华人民共和国乡村振兴促进法》将人才支撑作为单独章节予以强调；中央一号文件连续多年明确人才在乡村振兴中的核心地位。2021年2月23日，中共中央办公厅、国务院办公厅印发《关于加快推进乡村人才振兴的意见》，为推进乡村人才振兴提供了指导方针。"十三五"期间，农村人才队伍建设取得重大成就，高素质农民和村庄带头人等人才队伍不断壮大。比如，在高素质农民培育方面，截至2020年底，全国高素质农民规模超过1 700万[①]，大批高素质农民活跃在农业生产经营一线，成为新型农业经营主体的骨干力量。在农村带头人方面，深入实施农村实用人才带头人素质提升计划，重点面向贫困地区，开展农村实用人才

---

① 《2020年全国高素质农民发展报告》发布词.（2020-12-15）. https：//www.ngx.net.cn/ztzl/gx40tx34/2020xxnmlt/xwdt/202012/t20201215_222084.html.

带头人示范培训,"十三五"以来累计培训 11 万余人,为农村培养了一大批留得住、用得上、干得好的带头人①。在返乡创业方面,截至 2020 年,返乡入乡创新创业人员达到 1 010 万人,在乡创新创业人员 3 000 多万人②。多种多样的人才为"十三五"期间推进农业农村现代化建设做出了巨大贡献,也为"十四五"时期全面落实乡村振兴战略提供了人才支撑。

二、乡村人才建设仍然难以满足发展需求

尽管近年来乡村人才建设有了突飞猛进的发展,但是面临实现农业农村现代化的多方面需求,当前乡村人才队伍建设仍旧有所不足,难以满足全面推进乡村建设的需要。首先,人才总量不足,难以承担乡村振兴的重任。据统计,截至 2020 年底,全国农村实用人才总量约 2 254 万人③,占农村劳动力的比例较低,在一定程度上反映出农村人才尚有很大的缺口。其次,人才素质不高,难以适应乡村振兴的要求。这不仅表现为从事农业生产的人员受教育程度总体偏低,如《第三次全国农业普查主要数据公报》显示,留在乡村从事农业生产经营的人员中高中以上文化程度的仅占8.3%,而且表现为基层干部尤其是村"两委"的人员业务能力总体不足,难以适应乡村振兴战略的要求。最后,人才结构不优,难以驱动乡村振兴的发展。如从年龄结构来看,乡村人员以老年人为主体,《第三次全国农业普查主要数据公报》显示,留在乡村从事农业生产经营的人员中 55 岁

---

① 《2020 年全国高素质农民发展报告》发布词. (2020 - 12 - 15). https://www.ngx.net.cn/ztzl/gx40tx34/2020xxnmlt/xwdt/202012/t20201215_222084.html.

② 农业现代化辉煌五年系列宣传之一:农业现代化成就辉煌 全面小康社会根基夯实. (2021 - 05 - 08). http://www.ghs.moa.gov.cn/ghgl/202105/t20210508_6367377.htm.

③ 全国农村实用人才约 2 254 万人. (2020 - 11 - 20). http://www.gov.cn/xinwen/2020 - 11/20/content_5562824.htm.

及以上的人口占到 33.6%；从生产结构来看，乡村人员以从事普通农业生产经营为主，从事规模经营及其他二三产业的人员较少；此外乡村人才持续流失严重，导致乡村出现人才"荒芜化"的现象。产生上述人才瓶颈现象的根源类型多样，包括部分乡村人员存在思想观念偏差不愿回农村、农业生产效益比较低导致人才不愿去农村、农村生产生活环境落后导致人才不愿留农村等一系列问题，因此推进乡村人才振兴任重而道远。

三、实现乡村人才振兴需要系统推进

乡村人才振兴是一项长期的任务，2021 年 2 月，中共中央办公厅、国务院办公厅印发《关于加快推进乡村人才振兴的意见》，明确提出"十四五"时期乡村人才振兴的任务目标："到 2025 年，乡村人才振兴制度框架和政策体系基本形成，乡村振兴各领域人才规模不断壮大、素质稳步提升、结构持续优化，各类人才支持服务乡村格局基本形成，乡村人才初步满足实施乡村振兴战略基本需要。""十四五"时期推进乡村人才振兴是一项系统性的工程，需要有效甄别乡村需要的人才类型，并加强对乡村人才的培养，同时建立健全各项机制推动人才流向乡村并留在乡村。

第一，系统推进乡村人才振兴需要明确乡村人才类型。乡村振兴战略实施的总要求是"产业兴旺、生态宜居、乡风文明、治理有效、生活富裕"，人才对乡村振兴的重要作用既体现在以产业为导向的乡村经济发展，也体现在以秩序为导向的乡村治理等多个方面。因此，乡村振兴对人才类型的需求表现出宽领域、多类型的特征，需要围绕全面推进乡村振兴吸引各类人才在乡村振兴中建功立业，为此，各级政府需要坚持具体问题具体分析，明确乡村建设所需要的各类人才。对于乡村人才类型，《关于加快推进乡村人才振兴的意见》明确了乡村振兴所需的五类人才，即农业生产经营人才、农村二三产业发展人才、乡村公共服务人才、乡村治理人才以及农业农村科技人才，五类人才之下具体又包括多种类型。明确的人才类型划分为"十四五"时期分类施策推进人才振兴提供了基本遵循，为全面落实乡村振兴战略提供了重要支撑。

第二，系统推进乡村人才振兴需要加强乡村人才培养。由于乡村振兴所需人才类型多样、层次众多，因此乡村人才振兴的过程必然不是简单的找寻本土人才或者促进城市人才向乡村流动的过程，培养人才和提高人才在乡村中的适应性是乡村人才振兴的题中应有之义。加强乡村人才培养，需要坚持多元主体、分工配合，推动政府、培训机构、企业等发挥各自优势，共同参与乡村人才培养，扩充乡村人才库、增加人力资本存量，汇聚各类人才投身乡村建设。一是要完善高等教育人才培养体系，不仅需要加强涉农高校专业性教育，同时需要引导综合性高校拓宽农业传统学科专业边界；二是要加快发展面向农村的职业教育，在支持职业院校加强涉农专业建设的同时，积极鼓励退役军人、下岗职工、农民工、高素质农民、留守妇女等报考高职院校；三是要依托各级党校（行政学院）培养基层党组织干部队伍，特别注重以县级党校（行政学校）为主体，加强对村干部、驻村第一书记、基层团组织书记等乡村干部队伍的培训；四是要充分发挥农业广播电视学校等培训机构作用，加强对高素质农民、能工巧匠等本土人才的培养；五是要支持企业参与乡村人才培养，包括引导农业企业建设实训基地，鼓励农业企业带动农民创办家庭农场、农民合作社等。

第三，系统推进乡村人才振兴需要健全人才振兴体制机制。培养各类乡村人才的最终目的在于让人才能够流向农村并留在农村，因此，推进乡村人才振兴绝不能仅仅停留在乡村人才培养层面，各级政府应明确自身职责，在乡村人才引进、管理、使用、流动、激励等各方面加强改革，完善人才服务乡村激励机制，让农村的机会吸引人，让农村的环境留住人。首先，国家鼓励城市人才向乡村流动，注重建立健全城乡、区域、校地之间人才培养合作与交流机制，如健全农村工作干部培养锻炼制度，尤其是有计划地选派县级以上机关有发展潜力的年轻干部到乡镇任职、挂职，建立城市医生、教师、科技、文化等各类人才定期服务乡村制度等。其次，县级以上人民政府注重对人才的引进和激励。一方面，注重搭建乡村引才聚才平台，支持和引导各类人才通过多种方式服务乡村振兴。如加强现代农业产业园、农业科技园区、农村创业创新园区等平台建设，支持入园企业、科研院所等建设科研创新平台，以此引进高层次人才和急需紧缺专业人才。另一方面，政府应当建立鼓励各类人才参与乡村建设的激励机制。留不住人才向来是乡村人才振兴的一大难题，归根结底是并未对人才形成有效激励。因此，激励机制的建设必须引起县级政府的高度重视，比如可以适当放宽在基层一线工作的专业技术人才职称评审条件，对长期在基层一线和艰苦边远地区工作的人员加大其爱岗敬业表现、实际工作业绩及工作年限等评价权重，落实完善工资待遇倾斜政策，通过各类激励措施促使人才扎根一线建功立业。最后，乡镇人民政府和村民委员会、农村集体经济组织应当为返乡入乡人员和各类人才提供必要的生产生活服务，农村集体经济组织可以根据实际情况提供相关的福利待遇。生活条件的改善能够保证人才的基本工作热情与工作积极性，是吸引人才并留住人才的前提和基础。

第六章

改善农村人居环境

乡村振兴，生态宜居是关键。改善农村人居环境是实现乡村生态振兴、实施乡村振兴战略的重要组成部分，也是广大农民群众最关心、最直接、最现实的利益问题。习近平总书记高度重视农村环境保护，他多次强调，"中国要美，农村必须美"，要"因地制宜搞好农村人居环境综合整治，尽快改变农村脏乱差状况，给农民一个干净整洁的生活环境"①。各地区各部门将改善农村人居环境作为新农村建设的重要内容，积极探索治理模式并取得了显著成效，但由于农村人居环境底子薄、欠账多，农村人居环境状况未得到根本性的改变。2018 年国家正式启动农村人居环境整治三年行动，在坚持"绿水青山就是金山银山"的发展理念的基础上，以建设美丽宜居村庄为导向，以农村垃圾、污水治理和村容村貌提升为主攻方向补齐农村人居环境突出短板，进一步提升农村人居环境水平。2020 年底，农村人居环境整治三年行动的任务已基本完成②，整治成效明显，农村生活垃圾和生活污水得到有效治理，卫生厕所得到基本普及，人居环境基本实现干净整洁有序，"农村美"的目标正在逐渐实现。"十四五"时期，为实现巩固拓展脱贫攻坚成果同乡村振兴有效衔接，要继续将乡村建设摆在社会主义现代化建设的重要位置，对农村人居环境整治也提出了更高的要求。2021 年中央一号文件提出要实施农村人居环境整治提升五年行动，在"厕所革命"、农村生活垃圾和污水治理、村庄清洁和绿化行动以及管护机制体制建设四方面共同发力，推动建设美丽宜居乡村。2021 年 12 月，中共中央办公厅、国务院办公厅印发《农村人居环境整治提升五年行动方案

---

① 以美丽乡村建设为主题 深化农村精神文明建设. (2015 - 09 - 07). http：//theory. people. com. cn/n/2015/0907/c40531 - 27550839. html.

② 农村人居环境整治三年行动任务基本完成 . (2020 - 12 - 28) . http：//www. gov. cn/xinwen/2020 - 12/28/content _ 5574093. htm.

（2021—2025 年）》，巩固拓展农村人居环境整治三年行动成果，全面推进农村人居环境质量。

"十四五"时期接续改善农村人居环境，要瞄准突出问题如"垃圾围村""乡村黑臭水体"等稳步推进，并加强体制机制建设。具体说来，首先，要逐步解决农村生活垃圾和污水治理问题，彻底改变"污水靠蒸发，垃圾靠风刮"的局面；其次，要持续推进农村"厕所革命"，通过全国范围内的摸排整改工作推动各地发现并解决改厕工作中的深层次问题；最后，要深入开展村庄清洁和绿化行动，从净化、绿化、美化三方面分层次推动美丽宜居乡村建设。

第一节
接续推进农村人居环境整治提升行动

一、"十三五"期间农村人居环境整治行动推进历程及成就

改善农村人居环境，建设美丽宜居乡村，是实施乡村振兴战略的一项重要任务，事关广大农民根本福祉，事关农村社会文明和谐。2018 年 2 月，中共中央办公厅、国务院办公厅印发《农村人居环境整治三年行动方案》，提出各地区要借鉴浙江省"千村示范、万村整治"等经验做法，通过试点示范有序推进本地区人居环境整治任务，重点任务包括推进农村生

活垃圾治理、开展厕所粪污治理、梯次推进农村生活污水治理、提升村容村貌、加强村庄规划管理及完善建设和管护机制六个方面。开展整治工作三年间，中央财政予以大力支持，2020 年共安排 74 亿元支持农村"厕所革命"整村推进，中央预算内投资安排 30 亿元支持中西部省份开展农村人居环境整治，中央财政对整治成效明显的 20 个县（市、区）给予激励支持①。同时，各部门严格贯彻落实党中央和国务院指示，科学指导各地区人居环境整治工作，各地区坚持因地制宜确定本地区农村人居环境整治目标及方案。截至 2020 年底，三年行动方案目标任务基本完成，农村长期存在的脏乱差局面得以扭转，村容村貌明显改善。

二、农村人居环境整治提升行动面临的挑战

"十三五"期间，农村人居环境整治工作取得了重大进展，但同时，应当清醒认识到，农村与城市的人居环境水平差距仍然较大，农村人居环境整治工作仍面临诸多挑战。首先，"垃圾围村"和"乡村黑臭水体"等环境问题依然突出。分析其原因主要在于，生活水平提高的同时农村生活垃圾的产生量猛增，由于垃圾处理设施无法完全消纳全部垃圾，使得村口桥头、池塘、田野沟渠等公共空间被垃圾包围，一方面严重损害生态环境和地下水安全，另一方面也破坏了农村公共生活空间，影响了农民群众的生活；"乡村黑臭水体"产生的主要原因是农村污水治理效果不佳，很多污染物直接排入农村水体并超出水体自净能力，从而引起水质恶化、水体黑臭。其次，诸多地区农村人居环境整治工作"自上而下"式的推进方式

---

① 中央财政支持推进农村厕所革命. （2020 - 12 - 21）. https：//baijiahao. baidu. com/s？id＝1686667423124088643&. wfr＝spider&for＝pc.

和农民环保意识的淡薄，导致作为农村人居环境整治主体和受益主体的农民群众参与治理的意愿和意识不强，出现"政府干、百姓看"现象。最后，部分地区的农村人居环境整治工程是为应付上级检查或完成目标的"形象工程"，存在严重的建管脱节问题，设施建好了，却无人管、无钱管、无机制管，从而难以实现预期的整治目标。例如，被评为示范村的河南省河口村及霍村就存在污水处理站停运、卫生厕所建了不敢用等问题，反倒成为村民的负担①。

三、"十四五"时期农村人居环境整治提升行动的行动目标与具体任务

"十四五"时期，农村人居环境整治行动的目标是：支持600个县整县推进人居环境整治②；农村人居环境显著改善，生态宜居美丽乡村建设取得新进步；农村人居环境治理水平显著提升，长效管护机制基本建立③。面对农村人居环境整治的诸多难题，为切实做好农村人居环境整治提升行动，"十四五"时期需将整治工作的重点放在主要矛盾和突出问题上，在体制机制创新和加强管护方面持续发力。

（1）稳步推进以解决"垃圾围村"这一突出问题为重点工作的农村生活垃圾治理。农村生活垃圾治理关键在于建立健全生活垃圾收集、运输和处置体系，进一步推进农村生活垃圾就地分类、源头减量和资源化利用。

---

① 中国的"厕所革命"，会成为欺上瞒下的"烂尾工程"吗？.（2021 - 05 - 14）. https：// 3g. 163. com/dy/article_cambrian/G9V04COM05311J7S. html.

② 中华人民共和国国民经济和社会发展第十四个五年规划和2035年远景目标纲要.（2021 - 03 - 13）. http：//www. npc. gov. cn/npc/kgfb/202103/bf13037b5d2d4a398652ed253cea8eb1. shtml.

③ 中共中央办公厅 国务院办公厅印发《农村人居环境整治提升五年行动方案（2021—2025 年）》.（2021 - 12 - 05）. http：//www. gov. cn/zhengce/2021 - 12/05/content_5655984. htm.

对于"垃圾围村"这一突出问题，首先，应通过教育引导群众树立生态文明理念，同时完善农村公共服务体系，从源头上减少垃圾产生量；其次，应加强前端分类和收集，实现源头分类减量和资源化利用；最后，应鼓励和支持企业与社会机构参与到农村生活垃圾收运处置体系建设中，提高垃圾处理效率和质量。

（2）稳步推进以解决"乡村黑臭水体"这一突出问题为重点工作的农村生活污水治理。农村生活污水治理关键在于因地制宜探索出适合各地区的生活污水处理设备和治理模式。对于"乡村黑臭水体"这一突出问题，首先应做好控源截污工作，明确黑臭水体产生的根源在于岸上的生产生活活动，因此，一方面应加强宣传，规范农民群众污水排放区域，另一方面应统筹生活污水治理工程、厕所粪污治理工程、畜禽粪污治理工程等环境治理措施进行综合整治，控制污水、垃圾等向水体排放。其次，对于黑臭严重的水体，为快速降低内源污染负荷，避免其他治理措施实施后底泥污染物向水体释放，应采取机械清淤或水力清淤等方式进行清淤疏浚。再次，鼓励通过生态净化等方式消除农村黑臭水体，通过实施必要的水体水系联通提高水体自净能力。最后，通过制度约束、宣传推广等方式规范和鼓励农民群众自觉维护乡村水体，完善农村黑臭水体监管体系。

（3）充分尊重农民意愿，平衡"自上而下推动"和"自下而上治理"的关系。首先，要始终强化政府的引导作用，始终坚持"自上而下"高位推动。各级政府可通过科学编制工作规划、提供政策支持、开展试点示范工作、加强监督考核和设立奖惩激励机制等进行顶层设计，指导和推动本地区的农村人居环境整治工作。其次，要注重调动群众参与整治工作的积极性、主动性和创造性，充分挖掘农民群众的主体作用，充分尊重农民意愿，突出"自下而上"治理方式，使农民真正成为农村人居环境建设与管护的主力军。最后，构建"自上而下推动"和"自下而上治理"的良好互动关系，形成政府进行顶层设计指导方向、基层探索治理模式并总结实践经验、政府根据实践反馈完善顶层设计的良性循环。例如，江苏省为收集农村人居环境相关问题的举报、投诉、咨询、建议等开发的"问题随手拍"平台在"农技耘"APP上线，让群众有渠道向政府反映问题，从而提高农民群众参与农村人居环境整治工作的积极性，也有助于政府知悉民意，及时纠正整治工作中出现的问题[1]。

（4）建立科学有效的运行机制，处理好工程建设和管护的关系。要清楚认识到农村人居环境整治提升工作中建设和管护是一体两面的关系，不能重建轻管、建管脱节。首先，地方应推动形成"先建机制、再建工程"的管护制度，在整治工程项目的规划设计阶段便同步考虑到运营主体、管护主体、管护所需经费等问题，将加强环境治理设施建设和建立长效管护机制同步抓实抓好，有条件的地区可以推广城乡环卫一体化第三方治理项目。其次，要根据本地区农村人居环境整治的重点工作内容确定优先次序，对建设、运营和管护所需资金进行科学匡算，避免"撒胡椒面式"资金投入方式，确保能满足所建工程对资金的需求，将好事办好、办实。最后，要加强监管工作，确保整治成效可持续。各地区应依据本地区实际情况建立农村人居环境整治工作的评估与监督机制，实现全过程监管，切实克服"重建轻管"问题。

---

[1] 江苏农村人居环境整治 "问题随手拍"平台上线. (2020 - 04 - 26). http：//www.gov.cn/xinwen/2020 - 04/26/content_5506332.htm.

全面有序推进农村生活垃圾和生活污水治理

一、"十三五"期间农村生活垃圾和生活污水治理的成就

为推进农村生活垃圾治理工作，2019 年，住房和城乡建设部印发《关于建立健全农村生活垃圾收集、转运和处置体系的指导意见》，提出各地区应统筹县（市、区、旗）、乡镇、村三级设施和服务，建立健全收运处置体系①。截至 2020 年底，累计建成生活垃圾收集、转运、处理设施 450 多万个（辆），农村生活垃圾收运处置体系覆盖率已从 2016 年的 73.90% 上升到 90% 以上，全国排查出的 2.4 万个非正规垃圾堆放点整治基本完成②。

为推进农村生活污水治理工作，2019 年，中央农办、农业农村部、生态环境部组织召开全国农村生活污水治理工作推进现场会，并会同有关部门印发《关于推进农村生活污水治理的指导意见》。意见指出，各地区要立足农村实际，科学编制行动方案，以污水减量化、分类就地处理、循环

---

① 住房和城乡建设部关于建立健全农村生活垃圾收集、转运和处置体系的指导意见.（2019 - 10 - 19）. http://www.gov.cn/zhengce/zhengceku/2019 - 10/19/content _ 5454470. htm.

② 农业现代化辉煌五年系列宣传之三十二：加快补上农村发展短板 持续推进美丽宜居乡村建设.（2021 - 08 - 17）. http://www.ghs.moa.gov.cn/ghgl/202108/t20210817 _ 6374183. htm.

利用为导向，合理选择生活污水治理的技术模式和建管机制，走出一条具有中国特色的农村生活污水治理之路。生态环境部等部门印发《农村生活污水处理设施水污染物排放控制规范编制工作指南（试行）》《县域农村生活污水治理专项规划编制指南（试行）》等指导各地区因地制宜探索污水治理模式。截至 2020 年，农村生活污水治理有序推进，累计建成农村污水治理设施 50 万余套，治理率已达 25.5%①，污水随地倾倒的情况从根本上得到扭转。

二、农村生活垃圾和生活污水治理面临的挑战

推进农村生活垃圾和污水治理是改善农村生态环境、打好污染防治攻坚战、实现乡村生态振兴的重要举措之一。"十三五"期间，农村脏乱差现象有了明显改观，生活垃圾问题已经基本上得到了解决，生活污水治理也取得较大进展。但同时，应认识到污水处理仍是农村人居环境整治的主要短板，垃圾治理工作也有不足之处。首先，农村经济发展水平的提高使得农民群众生活水平得到显著改善，但同样也使得农村生活垃圾种类日渐繁杂，但多数农村地区没有开展深入的垃圾分类行动，使得垃圾处置工作量急剧增大，面临严峻挑战，也导致部分可利用垃圾资源的浪费；其次，我国农村点多面广、地理条件各异、村情农情各不相同，但部分地区不考虑本区域的实际情况便盲目引进生活污水处理设备和治理模式，从而造成财力损失和设备空置浪费等问题。

---

① 《中国农业绿色发展报告 2020》发布. (2021 - 07 - 28). http://www.moa.gov.cn/xw/bm-dt/202107/t20210728_6372943.htm.

三、"十四五"时期农村生活垃圾和生活污水治理的行动目标与具体任务

"十四五"时期，农村生活垃圾和污水治理的行动目标是：到 2025 年，农村生活污水治理率不断提升，乱倒乱排得到管控；农村生活垃圾无害化处理水平明显提升，有条件的村庄实现生活垃圾分类、源头减量[1]。各地区依据本区域实际情况制定了"十四五"时期的农村生活污水治理行动目标，例如，浙江省以农村生活污水处理设施行政村覆盖率和出水达标率均达到 95%、既有处理设施标准化运维全覆盖为目标谋划"十四五"时期的农村生活污水治理工作[2]。

（1）建立健全农村生活垃圾分类、收集、运输和处理标准与方案，科学指导各地区因地制宜推进农村生活垃圾就地分类、源头减量和资源化利用。农村生活垃圾治理应传承乡村"无废"的生产生活方式。《中华人民共和国乡村振兴促进法》指出，为持续改善农村人居环境，农村地区应因地制宜推进简便易行的垃圾分类。例如，可回收垃圾进行二次利用或出售；有机垃圾可采取就地沤肥方式处理；灰土应就近就地进行回填处理；有毒有害垃圾按照管理条例进行规范处置；其他垃圾纳入收运处置体系。例如，经济社会发展水平较高的地区可根据本地区人口规模、产业布局、生活习惯等，在充分尊重农民意愿基础上，建设有机废弃物综合处置利用设施，将农村人居环境整治与农业产业绿色发展、农村生活有机结合，提高农村有机生活垃圾、厕所粪污等的资源化利用水平，变废为宝。例如，南京市唯一

[1] 中共中央办公厅 国务院办公厅印发《农村人居环境整治提升五年行动方案（2021—2025年）》.（2021-12-05）. http://www.gov.cn/zhengce/2021-12/05/content_5655984.htm.
[2] 浙江省水生态环境保护"十四五"规划.（2021-06-08）. http://www.zj.gov.cn/art/2021/6/8/art_1229203592_2301989.html.

的"2020年度国家农村生活垃圾分类和资源化利用示范区"溧水区，通过成立志愿者服务大队和节目表演推广指导生活垃圾前端分类，通过建设新型智慧城市平台监管指挥垃圾收运和末端处置等，探索出可复制可推广的垃圾分类"溧水模式"，实现垃圾分类全覆盖，垃圾末端处置也走在省市前列①。

（2）因地制宜建设污水处理设施，以乡镇政府驻地和中心村为重点梯次推进农村生活污水治理。农村生活污水治理要分区施策、分类指导，因地制宜选择适用于本地区的生活污水处理技术和产品、建设模式和管理机制。例如：居住分散的村庄可采用户用污水处理方式，将农厕改造同生活污水治理有机融合；人口较密集的村庄可通过建设污水处理设施进行村集中处理；城镇近郊的农村可将其污水处理体系一纳入城镇生活污水处理系统；具备条件的地区还可采用人工湿地、氧化塘等生态处理模式。同时，为提高污水处理效率和管控水平，应以乡镇政府驻地和中心村为重点梯次推进农村生活污水治理。

| 第三节 |
因地制宜持续推进农村"厕所革命"

一、"十三五"期间农村"厕所革命"的成就

为推进农村"厕所革命"，中央农办、农业农村部、卫健委会同有关

---

① 探索垃圾分类新路径！破解"溧水模式". （2021 - 02 - 10）. http：//www. njls. gov. cn/jrs/syw/202102/t20210210_2823661. html.

部门多次召开全国农村改厕工作推进现场会，印发《关于推进农村"厕所革命"专项行动的指导意见》等文件指导各地科学编制改厕方案，开展农村改厕工作。各地区各部门通过开展线上线下技术服务、农村"厕所革命"典型范例推广、扩大宣传提高农民参与改厕工作积极性等方式推动本地区"厕所革命"稳步向前。截至 2020 年底，全国农村卫生厕所普及率已由 2016 年的 53.5% 提高到 68% 以上[①]，每年约提高 5 个百分点，累计改造农村户厕 4 000 多万户[②]。

二、农村"厕所革命"面临的挑战

"厕所革命"被称为"大国的里子工程"，关系着美丽乡村建设的全局。自 2015 年习近平总书记在延边朝鲜族自治州考察调研时首次提出新农村建设需要进行"厕所革命"以来，"厕所革命"便在全国范围内逐步推进。至 2020 年底，"厕所革命"已取得重大进展，但仍是农村人居环境整治的主要短板之一[③]。农村改厕工作存在的问题主要包括以下三个方面：第一，高海拔、寒冷、缺水地区的改厕工作进展较缓慢、质量不高，现有技术和模式无法适应当地实际；第二，盲目选取典型范例地区的改厕技术和模式进行推广，未能充分考虑不同地区、不同经济发展水平、民众不同接受程度、不同文化背景等因地制宜；第三，改厕工作未与农村人居环境整治的其他工作进行有机整合，导致工作程序反复、经费浪费且成效不

---

① 农业现代化辉煌五年系列宣传之三十二：加快补上农村发展短板 持续推进美丽宜居乡村建设. (2021 - 08 - 17). http：//www. ghs. moa. gov. cn/ghgl/202108/t20210817 _ 6374183. htm.

② 全国农村卫生厕所普及率超 68%. (2021 - 04 - 08). http：//www. gov. cn/xinwen/2021 - 04/08/content _ 5598294. htm.

③ 农业部部长唐仁健介绍全面推进乡村振兴有关情况. (2021 - 02 - 23). https：//www. h2o-china. com/news/321039 _ 4. html.

高。例如，辽宁省沈阳市投资过亿元改建 8 万余个厕所，弃用超 5 万个。部分改建厕所未考虑气候条件，在－20 ℃的户外只能沦为杂物间；部分室内厕所被安装在灶台对面，没有排污管道，缺乏定期清理粪污等服务保障；部分废弃院落被安装新厕，还有反复改建等问题，导致惠民工程变成伤心工程①。

三、"十四五"时期农村"厕所革命"的行动目标与具体任务

2021 年习近平总书记做出重要指示："十四五"时期要继续把"农村厕所革命"作为乡村振兴的一项重要工作。各级党委和政府及有关部门要各负其责、齐抓共管，一年接着一年干，真正把这件好事办好、实事办实②。"十四五"时期，农村"厕所革命"的行动目标是：到 2025 年，农村卫生厕所普及率稳步提高，厕所粪污基本得到有效处理。东部地区、中西部城市近郊区等有基础、有条件的地区，农村卫生厕所基本普及；中西部有较好基础、基本具备条件的地区，农村户用厕所愿改尽改；地处偏远、经济欠发达的地区，农村卫生厕所普及率逐步提高③。为实现该目标，应主要抓住以下四个方面：

（1）有力有序推进"厕所革命"的摸排整改工作。"厕所革命"有力推进过程中出现诸多问题，但部分地区未对其工作情况进行反思总结。因此有必要对 2013 年以来各级财政支持改造的农村户用厕所进行一次全面

---

① 厕所革命岂容形式主义.（2021－01－29）. http：//www.xinhuanet.com/comments/2021－01/29/c_1127039433.htm.

② 习近平对深入推进农村厕所革命作出重要指示.（2021－07－23）. https：//baijiahao.baidu.com/s? id＝17060506031638744449&wfr＝spider&for＝pc.

③ 中共中央办公厅 国务院办公厅印发《农村人居环境整治提升五年行动方案（2021—2025年）》.（2021－12－05）. http：//www.gov.cn/zhengce/2021－12/05/content_5655984.htm.

系统的工作体检，确定"整顿、完善、巩固、提高"的总基调，深入开展农村"厕所革命"的摸排整改工作，确保全面彻底，不留死角。首先，各省坚持问题导向，通过入户走访等方式重点摸排"问题厕所"，通过复核、抽查、第三方检查等方式进行层层把关，确保排查范围全面、问题摸排准确；其次，各省对排查存在问题的厕所分级建立整改台账，推进分类整改，对于施工不到位等问题导致的"问题厕所"要立行立改，对于技术不科学等问题导致的"问题厕所"要明确时间表和路线图，确保逐步整改到位；最后，加强常态化监督检查，健全问题反映和督促整改机制，成立技术专家团队及时研究解决疑难问题，切实提升农村改厕工作质量。

（2）因地制宜确定各地区"厕所革命"目标和方案。农村改厕工作要立足本地区地理环境、气候条件、经济发展水平、文化背景和农民生产生活等因素，合理制定目标任务和推进方案，分阶段有序推进改厕工作，在充分尊重农民意愿和切实考虑农民需求和能力的基础上，做到宜水则水、宜旱则旱、宜分户则分户、宜集中则集中，不搞一刀切，杜绝"形象工程"。例如，北京、天津、上海等发达地区乡村需要按照城市标准进行改厕工作，推进城乡一体化；中西部欠发达地区要因地制宜分类推进：县城周边农村可以划入城市管网系统统一改造和管理，离县城较远但人口相对集中的村庄可以推进村级集中处理，偏远地区且人口较为分散的村庄可以采用户厕模式。

（3）加快研发高海拔、寒冷、缺水等特殊地区卫生厕所适用的技术和产品。首先要做细技术工作，加快研发干旱、寒冷地区卫生厕所适用的技术和产品，在聚焦关键部位，把好排污出口基础上，因地制宜确定改厕模式、技术路线、标准、配套建材和施工规范等；其次要确定新技术新模式的试点区，进行先改造先示范，确定技术成熟后再推广应用；最后要注重储备专业力量，培养技术队伍，加强业务培训，使其负责本地区改厕工作的规划、施工和维修等，确保县乡村三级改厕工作的可持续性。

（4）统筹推进农村改厕与生活污水、黑臭水体治理有效衔接，推进农村水系综合整治。一方面要牢固树立"一盘棋"的思想，积极探索改厕与生活污水治理、黑臭水体治理的有效融合方案，引进先进技术和设备，试点创新改厕模式，实现农村"黑水""灰水"同收同治；另一方面要牢固树立山水林田湖草生命共同体的理念，突出系统治理、综合治理，因地制宜将农村改厕工作融入水系连通及水美乡村建设中，推进农村水系综合整治，做好试点工作。

第四节
深入开展村庄清洁和绿化行动

一、"十三五"期间村庄清洁和绿化行动的成就

为推进村庄清洁和绿化行动，2018年中央农办、农业农村部会同有关部门印发《农村人居环境整治村庄清洁行动方案》，重点发动群众开展"三清一改"（即清理农村生活垃圾、清理村内塘沟、清理畜禽养殖粪污等农业生产废弃物，改变影响农村人居环境的不良习惯），旨在解决村庄环境脏乱差问题，实现房前屋后干净整洁、村庄环境干净整洁有序、村容村貌显著提

升等目标；2019 年国家林业和草原局印发《乡村绿化美化行动方案》推进乡村生态建设，鼓励各村庄开展系列行动增加乡村绿化总量，提升乡村绿化美化质量，推动建设"村美、业兴、家富、人和"的生态宜居美丽乡村。"十三五"期间，全国 95％以上的村庄开展了清洁行动，先后动员 4 亿多人次，农村长期存在的脏乱差局面得以扭转，绝大多数村庄基本实现干净整洁有序①。

二、村庄清洁和绿化行动面临的挑战

乡村净化、绿化、美化是改善农村人居环境的一项重要内容。"十三五"期间，全国范围内开展了村庄清洁行动，绝大多数村庄基本实现干净、整洁和有序。但同时要清楚认识到村庄清洁和绿化行动实施过程中存在的问题：首先，部分地区存在村庄公共空间乱搭乱建、乱堆乱放，清洁不彻底等问题；其次，部分村庄的乡村绿化美化行动完全照搬其他农村地区或城镇的绿化美化工作内容，没有充分考虑村庄规划统筹以及本地区特色，导致千村一面，丧失了本土乡村风貌，例如诸多民俗村完全复制陕西省袁家村古街形式，从形式到内容上都大同小异，一度成为乡村民俗之殇。

三、"十四五"时期村庄清洁和绿化行动的行动目标与具体任务

2021 年，农业农村部、国家乡村振兴局召开全国村庄清洁行动现场会，提出"十四五"时期为进一步深化村庄清洁行动，各地区要围绕美丽乡村建设，因地制宜拓展"三清一改"内容，加快推动村庄从干净整洁向

---

① 中央农办、农业农村部召开全国村庄清洁行动部署暨春季战役视频推进会. (2021 - 02 - 05). http://www.shsys.moa.gov.cn/gzdt/202102/t20210205 _ 6361335.htm.

美丽宜居升级，夯实乡村全面振兴的环境基础①。《农村人居环境整治提升五年行动方案（2021—2025 年)》指出，要将村容村貌整体提升作为重点，改善村庄公共环境，深入实施乡村绿化美化行动，加强乡村风貌引导。

（1）整治村庄公共空间和庭院环境，实现村庄公共空间及庭院房屋、村庄周边干净整洁。通过建立村规民约和监督制度推动群众主动承担房前屋后净化的责任并养成良好习惯；着力整治村庄公共空间私搭乱建、乱堆乱放等问题，完善群众监督机制，强化制度约束；通过开展技术培训、入户宣传等方式提升农户净化绿化美化乡村的主人翁意识。

（2）全面推进乡村绿化。鼓励各地区根据村庄的自然条件、产业特色、风俗习惯等，在充分尊重农民意愿的基础上，因地制宜对农村"四荒"（即荒山、荒地、荒滩、荒废）以及受损的山体和"四旁"（即农村的水旁、路旁、村旁、住宅旁）开展绿化行动，鼓励农村进行土地综合整治，利用废弃闲置的土地增加绿地 ，一方面助力实现科学增绿，提升农村生态系统质量，另一方面推动实现乡村绿化美化，改善农村居民生活环境，助力打造生态宜居的美丽乡村。

（3）开展美丽宜居村庄和美丽庭院示范创建活动。创建清洁美丽的村庄或庭院作为典型范例，一方面可以探索总结可复制可推广的经验做法，在区域范围内或全国进行推广宣传，产生辐射效应；另一方面可以强化激励，调动农民群众参与乡村净化绿化美化的积极性和主动性，充分发挥农民作为美丽乡村建设主体的作用，鼓励农民群众采取自觉行动进行房前屋后和村庄公共空间的绿化美化。

---

① 农业农村部、国家乡村振兴局召开全国村庄清洁行动现场会．（2021 - 07 - 14）．http：//www.gov.cn/xinwen/2021-07/04/content_5622388.htm．

第三篇

健全城乡融合发展体制机制

党的二十大报告提出："全面建设社会主义现代化国家，最艰巨最繁重的任务仍然在农村。坚持农业农村优先发展，坚持城乡融合发展，畅通城乡要素流动。"城乡融合发展是实施乡村振兴战略、推进农业农村现代化的有效途径。全面实施乡村振兴战略就是通过一二十年的建设，让我国城乡之间没有太大的差距。因此，乡村振兴不能就乡村论乡村，必须走城乡融合发展之路。新中国成立以来，我国的城乡关系经历了从城乡二元到城乡融合的渐进调整和演进过程[①]。新中国成立初期建立并强化城乡二元体制，改革开放后城乡二元体制开始破除，党的十六大后统筹城乡发展，党的十七大后推动城乡一体化发展，党的十九大提出城乡融合发展方略。2017年，党的十九大明确提出"建立健全城乡融合发展体制机制和政策体系"[②]。2017年12月28日召开的中央农村工作会议系统全面地阐述了乡村振兴的"七条道路"，并将"重塑城乡关系，走城乡融合发展之路"放在七条道路的首位，体现出中央对于城乡关系的重视程度，也体现出"城乡融合发展"在乡村振兴战略中的关键地位。习近平总书记也一再强调，能否处理好城乡关系，在一定程度上决定着现代化的成败[③]。

虽然我国城乡融合发展的体制机制不断完善，但城乡关系仍存在诸多问题，包括城乡二元经济结构没有根本改变，城乡要素合理流动的机制尚未建立，城乡基本公共服务差距依然较大，乡村衰退日益加剧等影响城乡

[①]　金三林，曹丹丘，林晓莉. 从城乡二元到城乡融合：新中国成立70年来城乡关系的演进及启示. 经济纵横，2019（8）.

[②]　习近平. 决胜全面建成小康社会 夺取新时代中国特色社会主义伟大胜利：在中国共产党第十九次全国代表大会上的报告. 北京：人民出版社，2017：32.

[③]　习近平主持中共中央政治局第八次集体学习.（2018-09-22）. http://www.xinhuanet.com/politics/leaders/2018-09/22/c_1123470956.htm.

融合发展的体制机制障碍尚未根本消除①。为了重塑新型城乡关系，走城乡融合发展之路，促进乡村振兴和农业农村现代化，2019 年 4 月 15 日，中共中央、国务院发布《关于建立健全城乡融合发展体制机制和政策体系的意见》。2020 年 12 月 28 日至 29 日，习近平总书记在中央农村工作会议上指出，"要推动城乡融合发展见实效，健全城乡融合发展体制机制"②。健全城乡融合发展体制机制的主要目标是：到 2022 年，城乡融合发展体制机制初步建立；到 2035 年，城乡融合发展体制机制更加完善；到 21 世纪中叶，城乡融合发展体制机制成熟定型。

"十四五"规划提出："健全城乡融合发展体制机制"。"建立健全城乡要素平等交换、双向流动政策体系，促进要素更多向乡村流动，增强农业农村发展活力。"长期以来，城乡分割的二元格局导致了农村"人地钱"等要素向城市单向流动，造成农村严重"失血"。因此，健全城乡融合发展体制机制的落脚点是破除制约城乡要素自由流动、平等交换的体制机制障碍，引导城市资本、人才、技术等向农村流动，汇聚农业农村发展和乡村振兴所需的强大合力。

第三篇的章节安排如下：第七章是"深化农业农村改革"，主要探讨如何打破制约城乡要素市场化配置的体制机制障碍，建立健全城乡要素平等交换、双向流动政策体系；第八章是"加强农业农村发展要素保障"，主要探讨如何通过政策激励促进要素更多向乡村流动，增强农业农村发展活力，进而实现乡村振兴和农业农村现代化。

---

① 张海鹏. 中国城乡关系演变 70 年：从分割到融合. 中国农村经济，2019 (3).
② 习近平在中央农村工作会议上强调 坚持把解决好"三农"问题作为全党工作重中之重 促进农业高质高效乡村宜居宜业农民富裕富足. 人民日报，2020 - 12 - 30.

第七章

深化农业农村改革

改革是推动农业农村发展的不竭动力，是实施乡村振兴战略的重要保障。"十三五"期间，农业农村改革全面深化，农村土地制度改革、农村集体产权制度改革等一批重大改革已在全国铺开，涉及重大利益调整，触及深层次的体制机制障碍，为农业农村现代化、乡村振兴和城乡融合发展释放了新活力，注入了新动能①。目前，我国农业农村改革的"确权"和"赋权"工作已较为完善，而"活权"则是"十四五"时期需要突破的关键点。"十四五"时期，要通过深化农业农村改革进一步激活农村资源要素的财产性权益，破解制约农业农村发展的制度障碍。

深化农业农村改革是全面实施乡村振兴战略、加快农业农村现代化的重要引擎。土地是农村最重要的生产生活要素。"十四五"时期深化农业农村改革，推进城乡融合发展，主线依然是处理好农民与土地的关系，关键是稳定有序深化农村土地制度改革。首先，建立健全土地要素城乡平等交换机制，加快释放农村土地制度改革的红利，要在承包地、宅基地和集体经营性建设用地"三块地"上开展土地制度改革。土地制度改革开启了城乡统一建设用地市场建设序幕，在破除存量发展时期土地资源瓶颈的同时，也改变了城乡土地要素流动和土地利用分配格局，促进农村土地资源优化配置，进一步释放土地活力和红利。其次，要深化农村集体产权制度改革，构建归属清晰、权能完整、流转顺畅、保护严格的中国特色社会主义农村集体产权制度。全面开展农村集体资产清产核资工作，抓好股份合作制改革，盘活农村集体资产，提高农村各类资源要素的配置和利用效率，确保集体资产保值增值，确保农民受益，不断发展壮大农村集体经

---

① 韩长赋.全面深化农村改革：农业农村现代化的强大动力.智慧中国，2018 (7).

济。最后，充分发挥国家城乡融合发展试验区、农村改革试验区示范带动作用。通过试验区的先行先试，探索充分实现乡村资源要素内在价值、改变农村要素单向流出格局、增强农业农村发展活力的有效路径。

第一节

巩固完善农村基本经营制度

以土地制度为核心的基本经营制度是党在农村的执政基石，是解决粮食问题、维护农村长治久安的制度基础。新中国成立以来，中国的农村改革始终坚持以处理好农民和土地的关系为主线，国家的农村经营制度经过土地改革、合作化运动、人民公社和家庭承包责任制四个阶段，最终将"以家庭承包经营为基础，统分结合的双层经营体制"确立为我国的农村基本经营制度。"十四五"时期，巩固完善农村基本经营制度，要完善农村承包地所有权、承包权、经营权"三权分置"制度和进一步放活经营权，促进农村土地资源优化配置，增加农民财产性收益；要坚持农村土地农民集体所有制不动摇，坚持家庭承包经营基础性地位不动摇，运用农村承包地确权登记颁证成果，扎实推进第二轮土地承包到期后再延长 30 年工作，保持农村土地承包关系稳定并长久不变；要积极培育新型农业经营主体，发展壮大农业社会化服务组织，走小农户同现代农业有机衔接的发展之路，使农村基本经营制度始终充满活力，不断为促进乡村全面振兴、实现农业农村现代化创造有利条件。

一、进一步放活承包地经营权

1. "十三五"期间通过"三权分置"改革放活承包地经营权

农村承包地"三权分置"改革是继家庭联产承包责任制后的又一次重大创新。1984 年中央一号文件规定，土地承包期一般应在 15 年以上。1993 年进一步规定，承包期限在原定承包期到期后再延长 30 年。经过两轮土地承包，农村土地细碎化现象严重。土地细碎化不仅造成生产要素低效配置，还造成农产品商品化率偏低及农业产业缺乏自立性和竞争力。狭小的经营规模难以形成技术变迁的有效诱致机制，微观上妨碍了农户农业生产效率提高，宏观上阻碍了农业生产方式现代化变革[①]。此外，土地细碎化还伴随着田埂、沟渠、田间水利等设施的增加，导致了相当一部分农村耕地资源的浪费，已难以适应农业现代化的发展要求。2019 年中央一号文件提出要完善落实农村承包地"三权分置"的法律法规和政策体系。2018 年修正的《农村土地承包法》确立了农村承包地"三权分置"框架。承包地"三权分置"改革的重要作用是通过放活经营权促进了土地流转，进而提高了土地要素配置效率。"十三五"期间，各地积极健全土地经营权流转市场，引导土地经营权有序流转。截至 2020 年底，全国已有1 239 个县市区、18 000 多个乡镇建立农村土地经营权流转服务中心。2019 年，全国家庭承包耕地流转面积超过 5.55 亿亩，流转面积比例达

---

① 韩旭东，王若男，杨慧莲，等. 土地细碎化、土地流转与农业生产效率：基于全国 2 745 个农户调研样本的实证分析. 西北农林科技大学学报（社会科学版），2020，20（5）.

到 35.9%①。

除了土地经营权流转，土地经营权入股和抵押贷款等也是放活经营权的重要方式。2015 年，农业部在黑龙江、江苏等地的 7 个县区开展土地经营权入股发展农业产业化经营试点，为农业适度规模经营探索了一条新路。2018 年，农业农村部、国家发展改革委等六部门联合发布《关于开展土地经营权入股发展农业产业化经营试点的指导意见》。土地经营权入股是盘活农村土地资源、推动农业产业化经营、实现乡村产业振兴的重要举措，能够让农民拥有更多的流转方式选择、分享农业全产业链的利润，从而拓展农民的财产性收入来源。

在抵押贷款过程中，农民普遍遇到有效抵押物不足的问题，土地经营权和农民住房财产权抵押贷款则可有效解决上述问题。2015 年，国务院发布《关于开展农村承包土地的经营权和农民住房财产权抵押贷款试点的指导意见》，随后，全国人大常委会授权国务院在 232 个试点县（市、区）暂时调整实施《物权法》《担保法》关于集体所有的耕地使用权、集体所有的宅基地使用权不得抵押的规定，开展两权抵押贷款试点。2018 年修正的《农村土地承包法》进一步赋予了土地经营权融资担保等权能，并要求建立工商企业等社会资本流转土地经营权的准入监管制度。"十三五"期间，承包地经营权抵押贷款改革已初见成效，各地探索形成了贷前抵押物"预处置"、第三方回购和多方合作共同处置等模式，统筹解决抵押变现、价值评估、风险控制等问题，为全面推进乡村振兴带来资金活水。

---

① 农业现代化辉煌五年系列宣传之十三：农村承包地"三权"分置改革稳步推进．（2021－05－26）．http：//www．ghs．moa．gov．cn/ghgl/202105/t20210526_6368456．htm．

2. "十四五"时期放活承包地经营权仍面临困难挑战

2021年3月1日起，《农村土地经营权流转管理办法》正式实施，为土地经营权规范有序流转提供制度保障。《管理办法》中，一方面严格防止耕地"非粮化"，明确土地经营权流转要确保农地农用，优先用于粮食生产，将经营项目是否符合粮食生产等产业规划作为审查审核的重点内容；另一方面坚决制止耕地"非农化"，强调禁止改变土地的农业用途。此外，针对土地流转过程中可能出现的风险，《管理办法》明确提出建立工商企业等社会资本通过流转取得土地经营权的风险防范制度，在条件允许的情况下可以设立风险保障金。

放活承包地经营权改革目前已历经多轮试点，但现实中仍存在诸多难题亟待解决。第一，土地流转过程出现了耕地"非粮化"和经营主体毁约"跑路"等问题。大规模流转耕地后加剧了"非粮化"倾向，有的甚至存在改变耕地农业用途的情况。经济日报社于2016年5月—2020年1月对1 942家新型农业经营主体进行了三次跟踪调查，根据该调查数据，作为种粮主力军的新型农业经营主体存在明显的"非粮化"趋势，两成种粮新主体退出粮食种植，种粮新主体平均种粮面积在2015—2018年间减少一半，种粮面积占比减少两成以上。此外，受市场波动、自然灾害等多种因素影响，农业生产经营存在一定风险，特别是近年来粮食等农产品生产比较效益下降，导致一些经营主体在土地流转过程中因亏损而毁约甚至"跑路"。第二，在现实中，很容易看到"以入股为名的土地出租"的现象。即农民虽然通过入股成为企业的股东或合作社的成员，但却并不具备表决权，难以影响决策。第三，承包地经营权抵押贷款政策虽然已推行试点一段时间，但是金融机构大多还是不愿意进行两权抵押贷款业务。主要原因是，当贷款人因资金问题无法及时偿还贷款时，尽管在制度层面金融机构可以将"质押物"进行流转，但是在实际操作中金融机构并没有合适的平台将"抵押物"快速有效地流转出去，极易出现"坏账"风险。

3. 放活承包地经营权需进一步规范土地流转制度

"十四五"时期，要进一步规范农村土地流转制度，继续放活农户家庭土地承包经营权的自由处置权。首先，要制定土地经营权流转合同示范文本，完善土地经营权抵押贷款规则，指导各地依法建立健全工商企业等社会资本通过流转取得土地经营权的资格审查、项目审核和风险防范制度。其次，国家应尽快出台法规来约束土地流转的用途、土地流转的程序、土地流转的风险、土地流转的规模、土地流转的责任追究等。再次，要开展土地承包管理信息化建设，具体包括出台农村土地承包数据管理办法、开展土地承包管理信息化建设、推动承包地确权登记颁证信息平台互联互通等。最后，要积极探索确权成果在土地经营权融资担保、农业保险、农业补贴、耕地轮作休耕、乡村产业规划编制等多领域的应用。

二、推进第二轮土地承包到期延包试点

1. "十三五"期间通过确权颁证确保承包地保持稳定

如果土地承包关系不能长期稳定，农民的权益就得不到保障，这不利于促进土地流转，进而阻碍了产业兴旺和农业农村现代化的实现。因此，稳定农户承包权，首先要做好确权颁证工作，通过"确实权、颁铁证"，认定农民的土地承包经营权。2014年中央明确提出用5年时间基本完成农村土地承包经营权确权登记颁证工作。为有序推进确权登记颁证工作，妥善解决土地承包纠纷，解决历史遗留问题，2016年农业部印发《关于加强

基层农村土地承包调解体系建设的意见》，对成立农村土地承包经营纠纷仲裁委员会、明确调解范围、规范调解程序等提出具体要求。2019年启动"回头看"工作，解决了388.7万承包农户证书未发放、1 420万亩土地暂缓确权、322万户确权信息不准等问题。经过几年的努力，截至2020年底，全国2 838个县（市、区）、3.4万个乡镇、55万多个行政村基本完成了农村承包地确权登记颁证工作，15亿亩承包地确权到户，向近2亿农户发放土地承包经营权证书，颁证率超过96%[①]。通过承包地确权颁证，承包农户拥有了行使占有、使用、流转、收益等权利以及维护合法权益的法定凭证，这促进了土地承包关系的稳定，夯实了家庭承包经营基础性地位，进一步巩固和完善了农村基本经营制度。

2. "十四五"时期第二轮土地承包到期后继续延包

为继续稳定农村土地承包关系，党的十九大制定了第二轮土地承包到期后再延长30年的政策要求。2019年11月，《中共中央、国务院关于保持土地承包关系稳定并长久不变的意见》明确了长久不变的内涵和第二轮土地承包到期后延包基本原则，强调保持土地集体所有、家庭承包经营的基本制度长久不变，保持农户依法承包集体土地的基本权利长久不变，保持农户承包地稳定。2020年11月，习近平总书记对新时代推进农村土地制度改革、做好农村承包地管理工作做出重要指示强调："要运用农村承包地确权登记颁证成果，扎实推进第二轮土地承包到期后再延长30年工作，保持农村土地承包关系稳定并长久不变。"[②]

---

① 农村承包地确权登记颁证工作基本完成.（2020 - 11 - 03）. http：//www.gov.cn/xinwen/2020 - 11/03/content _ 5556878. htm.

② 习近平对推进农村土地制度改革、做好农村承包地管理工作作出重要指示.（2020 - 11 - 02）. http：//www.xinhuanet.com/politics/leaders/2020 - 11/02/c _ 1126687111. htm.

2023 年二轮承包开始大批到期，由此推算出延包的高峰期将集中在 2026 年到 2028 年。但是，由于不同地区之间在承包经营制度的实现上存在较大差距，过去不同村庄土地承包到户后是否发生调整、调整频次等也存在较大差异，当前中央层面尚未规定延长承包的具体措施。针对各地情况不一，《中共中央、国务院关于保持土地承包关系稳定并长久不变的意见》提出，"对少数存在承包地因自然灾害毁损等特殊情形且群众普遍要求调地的村组，届时可按照大稳定、小调整的原则，由农民集体民主协商，经本集体经济组织成员的村民会议三分之二以上成员或者三分之二以上村民代表同意，并报乡（镇）政府和县级政府农业等行政主管部门批准，可在个别农户间作适当调整，但要依法依规从严掌握"，使得各地在操作中具备灵活性和适应性。

3. "十四五"时期二轮延包的难点问题需在试点探索中予以解决

2020 年 3 月 11 日，农业农村部发布《关于做好 2020 年农业农村政策与改革相关重点工作的通知》，要求 2020 年开始审慎稳妥开展第二轮土地承包到期后再延长 30 年试点工作。二轮延包试点主要是在先期到期的县开展。通过二轮延包试点，可以避免土地承包工作一刀切等情况，因地制宜发挥地方智慧，为解决土地延包的难点问题和全国土地承包制度改革贡献宝贵经验。中共中央政治局委员、国务院副总理胡春华在全国农村承包地确权登记颁证工作总结暨表彰电视电话会议上强调："要稳妥推进第二轮土地承包到期延包试点，确保绝大多数农户原有承包地保持稳定。"[①]

---

① 习近平对推进农村土地制度改革、做好农村承包地管理工作作出重要指示强调 坚持把依法维护农民权益作为出发点和落脚点 扎实推进第二轮土地承包到期后再延长 30 年工作 使农村基本经营制度始终充满活力. 人民日报，2020 - 11 - 03.

2020 年，农业农村部在 16 个省、20 个县开展了以村组为单位的二轮延包试点①。例如，2020 年 11 月，宁夏回族自治区石嘴山市平罗县先行制定试点方案探索多元延包机制，具体包括探索建立以二轮承包为基础的直接延包机制、探索建立人地矛盾突出的内部调整延包机制、探索建立村民小组间调整土地的延包机制、探索建立生态移民确权并直接延包的权益保障机制、探索建立二轮承包地以外集体土地承包机制②。

土地二轮延包的第一个难点在于进城农民的承包地如何处置。随着城镇化的加快推进，大量农民进城，至 2019 年，进城务工经商的农民工大约有 2.88 亿人，其中举家进城的有 3 000 多万户。农业转移人口承包地的处置办法关系到农民的切身利益和农村社会的整体稳定，是进城和留村农民所共同关心的问题。中央政策明确指出，现阶段不得以退出土地承包权作为农民进城落户的条件。这意味着，在土地问题上要充分尊重农民的意愿，维护农民的权益，给予农民选择的权利，而不是代替农民选择。因此，试点探索的一个重要功能是了解农民的真实意愿。"十四五"时期，对于进城落户的农民，一方面要在依法自愿有偿的原则下引导他们将承包地转让或退还集体，另一方面也要探索通过保留承包权、流转经营权或者土地托管等方式发展多种形式的适度规模经营。

土地二轮延包的第二个难点在于因家庭人口变动等原因产生的承包农户之间占有耕地不均问题。农业家庭经营的关键是要有稳定的预期，农民只有拥有长期稳定的自主经营土地，才能有稳定的经营预期和长期的经营

---

① 农业农村部：加快构建现代农村产权制度 推进二轮土地承包到期延包试点工作. (2021 - 04 - 27). https://finance.eastmoney.com/a2/202104271902159295.html.

② 平罗县探索二轮土地承包到期后延包的具体办法改革试点实施方案. (2020 - 12 - 02). http://www.pingluo.gov.cn/xxgk/zfxxgkml/wj/bmwj/202012/t20201202_2389681.html.

计划，才能有信心在土地上增加生产要素投入，改善生产条件、提高土地质量。继续延续过去的 30 年延包期限和减人不减地政策，就是为了稳定民心，促进农业生产力的提升。但同时，这一政策也面临着土地分配后在较长一段时间内无法在农村人口结构发生变化的情况下调整土地配置的问题。无地或少地农民的基本生活难以保障，无法实现土地的均等分配。对此，中央政策明确规定，第二轮承包到期后，应坚持延包原则，不得将承包地打乱重分，现有承包地在二轮承包期期满以后由农户继续承包，有自然灾害损毁等特殊情形时，可按照"大稳定、小调整"的原则，按照法定程序在个别农户间做适当调整，但是要依法依规、从严掌握。总的来说，不是通过把地打乱重分的方式来解决无地或者少地农户的问题，有的情况可以本着"大稳定、小调整"的原则进行适当调整，但只是在个别农户间，还要依法依规进行。"大稳定、小调整"究竟如何推行，也需要试点地区先行探索。

三、发展多种形式适度规模经营

1."十三五"期间通过发展多种形式适度规模经营解决谁来种地问题

（1）培育新型农业经营主体。在坚持家庭承包经营基础上，培育从事农业生产和服务的新型农业经营主体是关系我国农业现代化的重大战略。近年来，中央先后出台了引导土地经营权有序流转、发展适度规模经营、完善农村土地"三权分置"办法等重大改革文件，为多种形式适度规模经营发展奠定了制度基础。2017 年，中共中央办公厅、国务院办公厅印发《关于加快构建政策体系培育新型农业经营主体的意见》，明确了新型经营主体的地位作用及相关政策。2019 年《关于实施家庭农场培育计划的指导意见》《关于开展农民合作社规范提升行动的若干意见》先后发布实施，推动中央财政支持县级以上农民合作社示范社（联合社）和示范家庭农场（脱贫地区适当放宽条件）改善生产条件，应用先进技术，提升规模化、集约化、标准化、信息化生产能力。近年来，在各级各部门的引导和推动下，农业经营体系不断探索创新、蓬勃发展。多种形式的适度规模经营，对巩固完善农村基本经营制度、保障粮食安全和重要农产品有效供给、促进农业稳定发展发挥了重要作用。截至 2020 年 6 月，全国县级以上产业化龙头企业约 9 万家，依法登记的农民合作社达到 221.8 万家，家庭农场名录系统填报数量超过 100 万家，各类新型经营主体正在成为引领适度规模经营、推动现代农业发展的有生力量[①]。此外，新型农业经营主体还与普通农户建立了利益联结机制，在涉农业务收入、就业、标准化生产、三产融合、技术服务供给、公共物品供给、信息服务供给和金融服务供给等层面均起到了带动作用。

（2）发展农业社会化服务。"大国小农"是我国的基本国情，如何在农业现代化进程中确保 2.3 亿小农户不掉队，实现党的十九大提出的小农户和现代农业发展有机衔接任务目标，是我国面临的十分艰巨的历史任务[②]。因此，发展农业社会化服务至关重要。2019 年，中共中央办公厅、国务院办公厅印发《关于促进小农户和现代农业发展有机衔接的意见》，明确提出要健全面向小农户的社会化服务体系，发展农业生产性服务业，加快推进农业生产托管服务，实施小农户生产托管服务促进工程。"十三

---

① 农业现代化辉煌五年系列宣传之一：农业现代化成就辉煌 全面小康社会根基夯实. (2021 - 05 - 08). http://www.ghs.moa.gov.cn/ghgl/202105/t20210508_6367377.htm.

② 孔祥智. 深化供销合作社改革服务新时代农业农村发展. 中国合作经济，2021 (1).

五"期间,农业社会化服务政策支持力度不断加大,服务组织蓬勃发展。截至 2020 年底,全国各类服务组织总量超过 90 万个,其中农业生产托管组织超过 44 万个,服务带动小农户超 7 000 万户。

2. "十四五"时期发展多种形式适度规模经营仍面临困难挑战

"十三五"期间我国新型农业经营主体和服务主体培育虽取得显著成效,但发展不平衡、发展不充分、实力不强等问题依然存在,面临的短板和制约因素依然突出,难以满足乡村振兴的要求。就新型农业经营主体自身发展水平而言,还存在着基础设施落后、经营规模小、集约化程度低、产业链不完整、管理理念不先进等问题。家庭农场还处于发展的初级阶段,部分农民合作社经营不规范,社会化服务主体服务能力不足,服务领域拓展不足。从外部环境看,各类新型农业经营主体和服务主体仍面临融资成本高、风险高的问题。财政、税收、金融、土地利用等扶持政策都不够具体,扶持力度也不够,地方农业农村部门的指导和服务能力有待提升。

习近平总书记指出,要把加快培育新型农业经营主体作为一项重大战略;加快构建以农户家庭经营为基础、合作与联合为纽带、社会化服务为支撑的立体式复合型现代农业经营体系①。《新型农业经营主体和服务主体高质量发展规划(2020—2022 年)》提出了到 2022 年的新型农业经营主体和服务主体发展目标(具体指标见表 7-1):到 2022 年,家庭农场、农民合作社、农业社会化服务组织等各类新型农业经营主体和服务主体蓬勃发展,现代农业经营体系初步构建,各类主体质量、效益进一步提升,竞争

---

① 农业农村部关于印发《新型农业经营主体和服务主体高质量发展规划(2020—2022 年)》的通知.(2020 - 03 - 06).http://www.moa.gov.cn/govpublic/zcggs/202003/t20200306 _ 6338371. htm.

能力进一步增强。

表 7-1 新型农业经营主体和服务主体培育发展主要指标

类型	指标名称	2018 年基期值	2022 年指标值
家庭农场	全国家庭农场数量	60 万家	100 万家
	各级示范家庭农场数量	8.3 万家	10 万家
农民合作社	农民合作社质量提升整县推进覆盖率	1%	>80%
农业社会化服务组织	农林牧渔服务业产值占农业总产值比重	5.2%	>5.5%
	农业生产托管服务面积	13.84 亿亩次	18 亿亩次
	覆盖小农户数量	4 100 万户	8 000 万户
新型农业经营主体和服务主体经营者	新型农业经营主体和服务主体经营者参训率	≈4.5%	>5%

3. "十四五"时期发展多种形式适度规模经营需继续创新农业经营体制机制

"十四五"时期,要继续创新农业经营体制机制,加快发展新型农业经营主体和建设社会化服务组织,为农业农村发展和实现乡村全面振兴提供有力支撑。第一,继续落实支持新型农业经营主体发展的各项政策。依法保障各类新型农业经营主体的土地经营权,加强基础设施建设,完善培训体系,进一步完善和落实财税政策。在金融领域,除继续增加对新型农业经营主体融资规模外,还应推动信贷担保机制创新,并支持"互联网+"等信息化发展。第二,推动一二三产业多元要素跨界融合,实现农业适度规模经营模式转型升级。通过农业内部产业横向整合、农业产业链纵向延伸、农业与其他产业交叉融合等方式发展农业农村一二三产业融合,延伸农业产业链,拓宽农村产业范围,实现农业附加值和农民收入的有效增长。第三,进一步推动农业社会化服务高质量发展。充分发挥不同服务组织的优势和功能，鼓励各类服务组织加强联合合作，加快发展农业生产托管服务，加大宣传推广力度，鼓励探索创新，加强项目监管。第四，政府可通过税收优惠、提供专项补贴等形式，激励新型主体在金融服务、技术服务、信息服务、公共物品投资、农业产业化发展等方面发挥对小农户的辐射带动功能。

| 第二节 |
深化农村宅基地制度改革试点

宅基地作为农村土地制度安排中最特殊、影响最敏感的一块地，与人口的迁移、资本的流动、产业的转移等其他要素流动紧密关联。深化农村宅基地制度改革，不仅是我国新时期土地制度改革的重中之重，更是打通城乡经济循环梗阻、助力新发展格局构建的关键解锁点①。"十三五"期间，宅基地"三权分置"改革试点地区进行了积极探索，形成了一批可复制、可推广、利修法的制度创新成果。"十四五"时期，要深化农村宅基地制度改革试点，加快房地一体的宅基地确权颁证，探索宅基地所有权、资格权、使用权分置实现形式。

---

① 冯淑怡，鲁力翡，王博．城乡经济循环下我国农村宅基地制度改革研究．农业经济问题，2021(4).

一、"十三五"期间稳慎推进农村宅基地"三权分置"改革

宅基地制度是农村基本制度的核心组成部分，涉及农村政治、经济和社会的各个方面，影响农业农村的全局性发展。随着工业化和城镇化进程的加快，大量农村人口流向城市，农村出现大量闲置宅基地和闲置住房。在此背景下，基于农民身份共享分配的原有宅基地制度逐渐表现出难以适应新时期农村经济社会发展的要求。为此，2015 年以来，全国 33 个县（市、区）开展农村宅基地制度改革试点。试点地区按照"依法公平取得、节约集约使用、自愿有偿退出"的目标要求，在完善宅基地权益保障和取得方式、探索宅基地有偿使用和自愿有偿退出机制、完善宅基地管理制度等方面开展试点，取得了积极进展。2018 年中央一号文件正式提出开展宅基地"三权分置"改革，以此回应农民对宅基地日益增强的财产诉求，并平衡宅基地的保障功能和财产属性。2019 年中央一号文件提出，稳慎推进农村宅基地制度改革，拓展改革试点，丰富试点内容，完善制度设计。2020 年中央一号文件提出，以探索宅基地所有权、资格权、使用权"三权分置"为重点，进一步深化农村宅基地制度改革试点。2020 年 6 月，中央全面深化改革委员会第十四次会议审议通过了《深化农村宅基地制度改革试点方案》。2020 年 9 月，中央农办、农业农村部召开深化农村宅基地制度改革试点电视电话会议，在 104 个县（市、区）和 3 个地级市启动新一轮农村宅基地制度改革试点。

二、"十三五"期间宅基地试点探索尚未形成可复制可推广的制度经验

"十三五"期间宅基地改革试点的核心是要探索宅基地所有权、资格

权、使用权"三权分置"的实现形式。新一轮改革试点旨在保障进城落户农民的宅基地权益,探索农户宅基地资格权的保障机制,同时探索宅基地使用权的流转、抵押、自愿有偿退出、有偿使用等机制,增加农户财产性收入。2016 年至 2020 年末,全国农民住房财产权(含宅基使用权)抵押贷款累计发放 4 507 亿元。2019 年修正的《中华人民共和国土地管理法》规定:"国家允许进城落户的农村村民依法自愿有偿退出宅基地,鼓励农村集体经济组织及其成员盘活利用闲置宅基地和闲置住宅。"2019 年 9 月,农业农村部印发《关于积极稳妥开展农村闲置宅基地和闲置住宅盘活利用工作的通知》,强调要发挥基层首创精神,支持地方大胆创新、积极探索,重点工作为因地制宜选择盘活利用模式、支持培育盘活利用主体、鼓励创新盘活利用机制、稳妥推进盘活利用示范、依法规范盘活利用行为。

尽管在不同改革试点地区已经进行了一些尝试和探索,但还没有形成可复制可推广的制度经验。当前,宅基地制度改革面临的主要问题有:一是农民宅基地使用权的确权登记颁证工作滞后。对于一户多宅、少批多占或超标准面积占用、未批先建和宅基地闲置等遗留问题,各地没有赖以遵循的政策和法律依据。二是宅基地转让限于农村集体经济组织内部的做法影响了改革效果。中央政策要求宅基地转让仅限于本集体经济组织内部,但在一个村庄内部,并不存在对宅基地市场的有效需求。据自然资源部统计,我国农村居民点闲置用地面积约有 3 000 万亩,至少有 7 000 万套闲置农房。事实上,随着城镇化和农业农村现代化的发展,农村发展环境发生结构性转变,村庄边界从封闭转向开放,农村人口流动性不断增强,农民与土地之间的"黏性"逐渐降低。近年来,跨村域流动人口数量攀升,已成为实现乡村振兴的重要劳动力资源。同农民工群体无法享受与城市居民同等的社会保障相类似，"人户分离"的外来农民也不能享受与"人户一体"的农村居民同等的住宅保障。如何依托"放活宅基地使用权"制度改革方向和外来农民现实需求，构建新型宅基地使用权流转制度，成为亟待解决的重要问题①。

三、"十四五"时期深化农村宅基地制度改革需盘活利用闲置宅基地和住房

随着城镇化的快速推进，农业转移人口数量不断增加，农村宅基地和住宅闲置浪费问题日益突出。因此，积极稳妥开展农村闲置宅基地和闲置住宅盘活利用工作，是"十四五"时期深化农村宅基地制度改革试点工作的重点，对于增加农民收入、促进城乡融合发展和全面推进乡村振兴具有重要意义。在全面加强农村宅基地规范化管理的基础上，要积极研究盘活利用农村闲置宅基地和闲置住房的可行方法，总结推广利用闲置宅基地发展乡村旅游、农村民宿、家庭工场、手工作坊等经验典型。

在盘活利用农村闲置宅基地和闲置住房的过程中，也要避免宅基地"三权分置"改革陷入风险。第一，避免侵害农民土地财产权。例如，在推进农民集中居住的过程中，某些地方政府不顾国家相关法律规定，仅仅通过支付房屋拆迁补偿的方式就无偿收回农村宅基地，造成对农民土地财产权的严重侵害。第二，避免危及基本农田，变相侵犯农民土地权益。农村宅基地一般都比较大，"农民集中居住"或者"宅基地换房"可以空出不少土地，多出

---

① 王若男，阮荣平，刘爽，等．乡村振兴背景下宅基地使用权的资源再配及治理路径：基于定量定性混合研究方法．中国土地科学，2021，35（7）．

的土地可以不必经过审批而直接用于工业建设。这种做法由于没有处理好国家、地方政府以及被拆迁农户的利益关系，带来很大的社会问题。第三，要建立和完善市场机制，避免强制土地退出。"两分两换""农民集中上楼"等均因涉及强制而被叫停。农村可以进行此类探索，但应该让市场发挥资源配置的决定性作用，不能强制。要确保农村闲置宅基地和闲置住宅依法取得、权属清晰，产生的土地增值收益全部用于农业农村。要充分保障宅基地农户资格权和农民房屋财产权，严防单纯行政推动搞一刀切①。

| 第三节 |

积极探索实施农村集体经营性建设用地入市制度

农村集体经营性建设用地入市改革，对于盘活农村闲置土地资源、完善农村土地增值收益分配制度、缩小城乡收入差距、促进乡村振兴具有重要意义②。长期以来，由于严格的土地资源配置计划管理制度，农村最有价值的土地要素通过征地的方式低价流向城市。农村集体经营性建设用地入市制度通过市场化改革，从根本上改变了农村土地必须征为国有才能进

---

① 叶兴庆. 有序扩大农村宅基地产权结构开放性. 农业经济问题，2019（4）.
② 张扬，师海猛. 我国农村集体经营性建设用地入市改革探讨. 郑州轻工业大学学报（社会科学版），2021，22（3）.

入市的约束，构建了金融资本进入农村市场的重要载体和平台①。"十四五"时期，要稳妥推进农村集体经营性建设用地入市、农村土地征收制度改革，允许农村集体在农民自愿前提下，依法把有偿收回的闲置宅基地、废弃的集体公益性建设用地转变为集体经营性建设用地入市，建立土地征收公共利益认定机制，缩小土地征收范围。

一、"十三五"期间通过农村集体经营性建设用地入市保障城乡土地"同地同权"

农村集体经营性建设用地入市的核心是要夯实土地的产权基础，建立城乡统一的建设用地市场。2015 年以来，全国 15 个县（市、区）开展了农村集体经营性建设用地与国有建设用地同等入市、同价同权的试点工作。2016 年，试点扩大到全国 33 个地区，几乎覆盖了全国所有的省份。2017 年，北京、上海、沈阳等 13 个城市成为利用集体建设用地建设租赁住房新增试点，并明确了集体经济组织可以通过入股、联营、自营等方式建设运营集体租赁住房。2019 年修正的《土地管理法》明确允许集体经营性建设用地直接入市，结束多年来集体建设用地不能与国有建设用地同权同价同等入市的二元体制，为推进城乡一体化发展扫清了制度障碍。随着新《土地管理法》的实施，农村集体经营性建设用地入市在全国范围内逐步推开。

二、"十四五"时期建成城乡统一建设用地市场仍面临困难挑战

《中共中央、国务院关于建立健全城乡融合发展体制机制和政策体系

---

① 刘晓萍．农村集体经营性建设用地入市制度研究．宏观经济研究，2020（10）．

的意见》提出到 2022 年城乡统一建设用地市场要基本建成，到 2035 年城乡统一建设用地市场要全面形成。《意见》提出要允许农村集体经营性建设用地入市，允许村集体依法把有偿收回的闲置宅基地、废弃的集体公益性建设用地转变为集体经营性建设用地入市，这是盘活农村存量建设用地的重要改革措施。2021 年中央一号文件强调，将积极探索实施农村集体经营性建设用地入市制度作为深入推进农村改革的重要事项。完善盘活农村存量建设用地政策，实行负面清单管理，优先保障乡村产业发展、乡村建设用地。根据乡村休闲观光等产业分散布局的实际需要，探索灵活多样的供地新方式。规范开展城乡建设用地增减挂钩，完善审批实施程序、节余指标调剂及收益分配机制。

农村集体经营性建设用地制度改革中主要面临三个方面的问题。第一，只有存量农村集体经营性建设用地可以入市，但存量建设用地数量有限且地块分散，或是入市收效不明显，或是入市难度较大。试点地区所探索的异地入市方式，在一定程度上解决了农村集体经营性建设用地位置偏远、地块分散等问题，但交易程序复杂，政府、入市土地的村集体以及交易地区之间的利益分配关系更是复杂。第二，入市的集体经营性建设用地只能作为工商业用地，不能用于住宅建设，交易价格受到限制。同时，不少地方存在土地利用效率低，开发区、工业区、产业园闲置浪费严重，工商业用地需求不足等问题。农村集体经营性建设用地上市交易、入股或直接从事经营性项目的收益增长空间有限。第三，农村集体经营性建设用地入市会压缩征地空间，一些地方政府出于自身利益最大化的考虑，不愿积极推动农村集体经营性建设用地入市。

三、"十四五"时期完善农村集体经营性建设用地入市制度的重点举措

在农村集体经营性建设用地入市改革试点中，应适度放宽入市条件和范围，允许增量的集体建设用地入市，并稳慎探索集体经营性建设用地进入住宅用地市场。具体地，要完善以下政策制度：第一，制定指导农地入市的全国性实施办法。制定出台农地入市指导意见，明确入市的主体、范围、方式、途径、调节金的收取和入市收益在国家、集体、个人之间的分配机制，明确农地入市过程中的监管体系，为全国各地全面推开农村集体经营性建设用地入市提供一般规范。第二，统筹推进宅基地制度改革。在全面推进农村集体经营性建设用地入市的同时，探索建立农民自愿有偿退出宅基地补偿机制，完善农村建设用地盘活机制，打通农村闲置宅基地转变为集体经营性建设用地入市的渠道，确保闲置宅基地经依法登记后可入市交易。此外，深化城乡建设用地增减挂钩机制，允许将结余建设用地通过"村村挂钩"出让给优势村庄或发展村集体产业。第三，联动探索稳健的征地改革制度。严格限定征地范围，为农地入市预留空间，推动地方政府主动以农地入市满足产业发展用地需求。同时，还应配套出台土地征收公共利益标准，避免出现土地征收与农地入市之间的制度断裂。第四，建立适合我国国情并兼顾国家、集体、个人三方利益的土地增值收益分配制度。在国家和集体之间的利益分配上，既要提高政府积极性，又要保证村集体经济组织和村民的利益不受损害。对于集体成员之间的利益分配，政府可以颁布指导性政策，规范土地收益的内部分配关系，加强对集体收入使用的监督管理，防止集体经济组织中少数人的占用和挪用。

深化农村集体产权制度改革

一、"十三五"期间通过农村集体产权制度改革全面摸清农村集体家底

农村集体产权制度改革，是继家庭联产承包责任制改革后的又一项管全局、管长远、管根本的重大改革，是涉及农村基本经营制度的根本性改革。2012—2016 年，全国农村集体经济组织账面资产总额由 2.18 万亿元增长到 3.1 万亿元，年均增长 9.2%。然而，数量如此庞大的资产，却长期面临权属不清、权责不明、保护不严、流转不畅等问题，"统分结合"的双层经营体制中"统"得不够的问题越发明显。尤其是随着工业化、城镇化的快速发展，农村集体资产还面临流失的风险。因此，"十三五"期间的多个中央一号文件都高度重视农村集体产权制度改革。2016 年 12 月，中共中央、国务院发布《关于稳步推进农村集体产权制度改革的意见》，要求加快推进以集体经营性资产股份合作为重点的农村产权制度改革，逐步构建归属清晰、权能完整、流转顺畅、保护严格的农村集体产权制度。2018 年，农村集体产权制度改革试点县（市、区）增加到 300 个，而且推出 50 个整市试点及吉林、江苏、山东 3 个整省试点。2019 年，改革试点

县（市、区）增加到 463 个，整市试点增加到 89 个，整省试点增加到 15 个。2020 年，农村集体产权制度改革试点在全国全面推开，非整省试点省份也要将改革覆盖面扩大到所有涉农县（市、区）。

"十三五"期间，全国拥有农村集体资产的 5 695 个乡镇、60.2 万个村、238.5 万个组，共计 299.2 万个单位，完成 1.2 亿张报表在线数据报送，农村集体资产清产核资基本完成。从整体看，全国共有集体土地总面积 65.5 亿亩，账面资产 6.5 万亿元，其中经营性资产 3.1 万亿元，非经营性资产 3.4 万亿元。集体所属全资企业超过 1.1 万家，资产总额 1.1 万亿元。清产核资查实了集体资产存量、价值和使用情况，确认了集体成员 9 亿人，明晰了资产权属，基本实现"底清账明"。清产核资后集体资产总额增加 0.8 万亿元，增幅 14.2%，其中固定资产增加近 7 500 亿元，主要是近年来财政项目投入到集体经济组织形成的非经营性固定资产。在摸清家底的同时，各地有序开展经营性资产股份合作制改革，创新集体经济运行机制。截至 2020 年底，全国共有 53 万个村完成经营性资产股份合作制改革，全国半数以上的村集体经营收益大于 5 万元①。

二、"十四五"时期完成集体经营性资产股份合作制改革仍面临困难挑战

农村集体产权制度改革包括清产核资和股份合作制改革两项硬任务，有偿退出和继承、资产股份抵押担保、政经分离、发展壮大集体经济四项探索性工作，以及加强资产管理一项常规性工作。根据《中共中央、国务

---

① 全国农村集体家底摸清了农村集体土地总面积 65.5 亿亩，账面资产 6.5 万亿元.（2020-07-14）. http://lnny.lnd.com.cn/system/2020/07/14/030125274.shtml.

院关于稳步推进农村集体产权制度改革的意见》和 2021 年中央一号文件的安排部署，2021 年要基本完成集体经营性资产股份合作制改革等阶段性任务，发展壮大新型农村集体经济。2021 年 4 月 22 日，中央农村工作领导小组办公室、农业农村部等 10 部门联合发布《关于扎实做好当前重点工作如期完成农村集体产权制度改革阶段性任务的通知》，强调 2021 年的重点工作包括加强农村集体资产管理、加快农村集体经济组织成员证书发放、扎实做好农村集体经济组织登记赋码工作、切实维护农村妇女合法权益、因地制宜发展新型农村集体经济、落实好农村集体经济组织税费政策、加强农村集体产权制度改革档案管理、积极做好农村集体产权制度改革总结和表彰等。

从农村集体产权制度改革的基层执行情况来看，还存在以下问题，制约了集体产权制度改革的执行效果。第一，农村集体经济组织相关法律规范匮乏。由于国家层面农村集体经济组织有关法律尚未出台，农村集体经济组织独立的市场经营资格还不清晰。农业农村部、中国人民银行、国家市场监督管理总局出台的《关于开展农村集体经济组织登记赋码工作的通知》只是对农村集体经济组织的注册登记、管理部门、开户程序等进行了明确，但并未进一步明确农村集体股份经济合作社的市场准入、经营范围、经济责任和义务等。集体资产清产核资后"三资"的具体用途规定不清，一方面致使当前"三资"用途较混乱，另一方面也在相当程度上限制了用途，制约了多种形式的发展。第二，集体经济组织相关税收政策匮乏或难以执行。当前针对农村集体经济组织的税费优惠政策极少，改革后集体经济组织承受过重的税负压力，影响了集体经济的积累能力和扩大再生产能力。同时，按现行税收政策，集体经济组织成员在获得集体股金分红时应征收"利息、股息、红利所得"个人所得税。但目前的真实情况是，税务机关扣缴集体经济组织成员个人所得税的阻力极大，实际上对农民从集体经济组织取得的股金分红没有征收个人所得税，取得的租金收入、工资性收入也没有征收相关税收。第三，集体资产保值增值难度大，大部分村庄发展壮大集体经济的后劲薄弱。经过清产核资和股份合作制改革后，集体产权制度改革的下一步发展方向是集体资产的保值增值。然而，大部分村庄只是完成了集体产权制度改革的硬性任务，沉睡的集体资产并未真正激活并产生收益，集体经济未能发展壮大，所建立的集体经济组织不能实现资产分红。

三、"十四五"时期深化农村集体产权制度改革需发展新型农村集体经济

农村集体产权制度改革是当前深化农村改革的一项重点任务，也是实施乡村振兴战略的重要制度支撑。"十四五"规划强调要深化农村集体产权制度改革，发展壮大新型农村集体经济。为此，"十四五"时期需要加快以下政策的完善和实践探索：第一，加快推进农村集体经济组织立法进程。组织开展农村集体经济组织立法研究，研究制定农村集体经济组织示范章程，鼓励有条件的地方开展农村集体资产管理、农村集体经济组织运营等方面的立法探索，为国家层面立法提供更多实践支撑。第二，建立全国统一的农村集体资产监督管理平台。尽快整合现有集体资产清产核资和集体经济组织登记赋码系统，实现国家层面对集体资产台账、成员名册、资产经营和效益分配等内容的动态精准管理。统一的农村集体资产监督管理平台的建立也能够对后续农村资产抵押贷款融资改革起到很好的推动作

用。第三，深化农村集体经济组织税费制度改革。营造有利于推进农村集体产权制度改革的政策环境，制定支持集体经济组织改革发展的相关税费优惠政策，是集体产权制度改革的题中应有之义。下一步，国家税务总局应尽快出台相关税收政策，解决集体经济组织的税费问题。第四，完善各项政策措施，探索发展壮大新型农村集体经济的有效路径。缺乏经营性资产是农村集体资产保值增值面临的最大困难，集体资产较少的村庄在集体产权制度改革后需要更多的外力和外部资源支持。同时，集体资产保值增值离不开专业的经营管理，集体经济组织负责人经营管理能力不足也是制约集体资产保值增值的重要因素。下一步，要积极探索职业经理人运营集体经济的市场化模式，采取组织选派、社会招聘等方式充实经营管理人员。围绕农村产业革命，引导农村集体经济组织投入到农村产业发展中，把农民组织好，把资源利用好。

| 第五节 |

发挥国家城乡融合发展试验区、
农村改革试验区示范带动作用

一、"十三五"期间成立国家城乡融合发展试验区

缩小城乡发展差距和居民生活水平差距，实现城乡居民共同富裕，是

推动城乡融合发展的出发点和落脚点。党的十八大以来，城乡一体化发展持续推进，支农惠农政策进一步完善，城乡居民收入比由 2012 年的 2.88 下降到 2019 年的 2.64，但离共同富裕的目标还有较大差距。2019 年底，国家发展改革委等 18 个部门联合印发了《国家城乡融合发展试验区改革方案》，公布了 11 个国家城乡融合发展试验区名单，分别是：浙江嘉湖片区、福建福州东部片区、广东广清接合片区、江苏宁锡常接合片区、山东济青局部片区、河南许昌、江西鹰潭、四川成都西部片区、重庆西部片区、陕西西咸接合片区、吉林长吉接合片区。改革方案要求围绕建立城乡有序流动的人口迁徙制度、进城落户农民依法自愿有偿转让退出农村权益制度、农村集体经营性建设用地入市制度等 11 项试验任务进行深入探索和先行先试。2021 年 2 月，国家发展改革委发布《关于国家城乡融合发展试验区实施方案的复函》，函复同意 11 个国家城乡融合发展试验区实施方案，这标志着国家城乡融合发展试验和改革探索进入加速落地阶段。2021 年 4 月，国家发展改革委印发《2021 年新型城镇化和城乡融合发展重点任务》，提出"以县域为基本单元推进城乡融合发展，坚持以工补农、以城带乡，推进城乡要素双向自由流动和公共资源合理配置，以 11 个国家城乡融合发展试验区为突破口，推动体制机制改革和政策举措落实落地"。

二、"十四五"时期改革试验区需以点上突破进一步带动面上改革

国家出台城乡融合发展试验区政策的目的，是让试验区率先探索破解我国城乡融合发展中亟须解决的重要问题之策。为贯彻落实"十四五"规划建议和中央有关要求，各个城乡融合试验区按照"扩面、提速、集成"

的要求，以激活主体、激活要素、激活市场为目标，积极扩大农村改革试点试验任务，提高试验任务质量，整合试验任务体系。改革实验的总要求是要具有前瞻性、针对性和普适性，建立健全改革试验成果转化机制，以点上突破带动面上改革。"十四五"时期，为了充分发挥国家城乡融合发展试验区、农村改革试验区示范带动作用，要在三个方面下功夫。一是拓展试验的广度和深度。准确把握全面深化农村改革要突破的重点领域和关键环节，紧紧围绕乡村振兴和城乡融合发展的目标要求，来选择试点试验任务。二是加强试验成果的提炼和转化工作。及时总结试验区可复制可推广的实践经验，加强成果梳理，根据成果经验的成熟程度，以适当形式有序推出，抓紧把试验区普遍适用的试点成果转化为国家层面的政策。三是扩大改革试验内容。在封闭运行、风险可控的前提下，加大对重点领域和前沿领域的实践探索，支持地方自主深化改革探索，确保各项改革试点相辅相成、相互作用，促进改革试点体制对接。

第八章

加强农业农村发展要素保障

推动城乡融合发展，要不断健全体制机制，打通城乡要素合理流动的渠道，关键是解决好"人、地、钱"三个问题。要打破乡村要素净外流的局面，打通要素进城与下乡通道，引导更多的资金、管理、技术、人才等要素向乡村流动。

首先，实施乡村振兴战略，必须解决好钱从哪里来的问题。这方面，关键是健全投入保障制度，加快形成财政优先保障、金融重点倾斜、社会积极参与的多元投入格局。财政方面，加大中央财政转移支付、土地出让收入、地方政府债券支持农业农村力度。金融方面，完善金融支农激励机制，扩大农村资产抵押担保融资范围，发展农业保险。社会资本方面，通过制度性供给激发市场主体积极性，鼓励引导社会资本更多投入乡村振兴。其次，必须保障设施农业和乡村产业发展合理用地需求。在乡村振兴总体目标中，产业兴旺是重点与基础。土地作为社会生产的基本要素，在实现产业兴旺目标中起着关键性的支撑作用。要完善农村用地保障机制，保障设施农业和乡村产业发展合理用地需求。再次，必须要做好乡村人力资源开发这篇大文章。长期以来，大量农业转移人口在城乡之间迁移，为城市建设和工业发展贡献了极为宝贵的人力资源财富，但客观上也造成了农村发展的过度"失血"，因此加快城乡人力要素融合、做好乡村人力资源开发是当前亟待解决的问题之一。其中，完善农村创业服务是吸引人才下乡和推动乡村产业发展的重要手段，深化供销合作社改革则在农村劳动力供给不足的背景下解决了"谁来种地"的问题，通过服务规模化为农业农村发展提供新动能。

║ 第一节 ║

健全农业农村投入保障制度

时任中央农村工作领导小组办公室主任韩俊在国务院新闻办全面解读 2018 年中央一号文件精神时表示，"乡村振兴是一个大战略，必须有真金白银的硬投入"，要"健全投入保障制度"，"加快形成财政优先保障、金融重点倾斜、社会积极参与的多元投入格局，确保投入力度不断增强，总量不断增加"[①]。乡村振兴战略作为新时代"三农"工作的总抓手，是一项长期而艰巨的任务，需要投入的资金量极其庞大。资金在市场经济中始终是稀缺要素，在一定程度上对乡村振兴资源配置起着决定性作用。那么，全面推进乡村振兴到底需要多少钱？韩俊表示，要落实《乡村振兴战略规划 2018—2022 年》的重点任务，大约需要投资 7 万亿元以上[②]。如此巨大的资金投入需求，显然不能仅靠财政预算来满足。因此，健全乡村振兴投入保障机制，必须拓宽资金来源渠道，形成由财政、金融、社会资本"三驾马车"拉动的多元投入格局。

---

① 中农办主任：乡村振兴讲究实干 须有真金白银的硬投入．（2018 - 02 - 05）．https：//zj. zjol. com. cn/news. html? id=866056．

② 中央出台重磅文件，填补 7 万亿乡村振兴投入！．（2021 - 11 - 17）．https：//www. sohu. com/a/432464707 _ 783770．

一、加大中央财政转移支付

"十三五"期间，我国财政支农工作成效显著，投入力度不断加大，支出结构不断优化，资金管理水平和使用效益不断提高。国务院关于财政农业农村资金分配和使用情况的报告显示，2016—2019 年，全国财政一般公共预算累计安排农业农村相关支出 6.07 万亿元，年均增长 8.8%，高于全国一般公共预算支出平均增幅。同时，积极拓宽投入渠道，构建多元化投入格局，在土地收益、政府债券、金融服务等方面，加大对农业农村的投入力度，引导更多社会资本投入。"十三五"期间，中央财政农业农村资金重点在保障粮食和生猪等重要农产品有效供给、全力支持打赢脱贫攻坚战、支持深化农业供给侧结构性改革、加快补上农业农村公共服务短板和推动建立健全现代乡村社会治理体系 5 个方面发挥支撑作用[①]。在财政资金的大力支持下，我国农业综合生产能力稳步提升，农业供给体系质量明显提高，农民增收渠道进一步拓宽，农村经济社会发展持续加快，农村人居环境显著改善，乡村治理体系进一步完善，有力支持了稳住农业压舱石、守好"三农"战略后院。

全面推进乡村振兴，关键还是要落实农业农村优先发展的要求，一定要真金白银地投，要真刀真枪地干。在财政收支形势趋紧的背景下，国家仍坚持把"三农"作为公共财政的支出重点，优先保障"三农"投入稳定增长。2021 年中央一号文件在强化投入保障机制上也提出了明确要求。第一，继续把农业农村作为一般公共预算优先保障领域。第二，中央预算内投资进

[①] 国务院关于财政农业农村资金分配和使用情况的报告. (2020 - 12 - 28). http://www. mof. gov. cn/zhengwuxinxi/caizhengxinwen/202012/t20201228 _ 3637312. htm.

一步向农业农村倾斜。第三，制定落实提高土地出让收益用于农业农村比例考核办法。第四，进一步完善涉农资金统筹整合长效机制。第五，支持地方政府发行一般债券和专项债券用于现代农业设施建设和乡村建设行动。

二、调整土地出让收益城乡分配格局

土地出让收益是地方政府性基金预算收入的重要组成部分。长期以来，土地出让收益主要是取之于乡、用之于城。城市发展靠"土地财政"，乡村振兴也要借助土地之力。为此，需要创新政策机制，把土地增值收益这块"蛋糕"切出更大一块来用于支持乡村振兴。为深入贯彻习近平总书记关于把土地增值收益更多用于"三农"的重要指示精神，中共中央办公厅、国务院办公厅印发了《关于调整完善土地出让收入使用范围优先支持乡村振兴的意见》，按照"取之于农、主要用之于农"的要求，调整土地出让收益城乡分配格局，"从'十四五'第一年开始，各省（自治区、直辖市）分年度稳步提高土地出让收入用于农业农村比例；到'十四五'期末，以省（自治区、直辖市）为单位核算，土地出让收益用于农业农村比例达到50％以上"。土地出让收益用于农业农村比例每提高一个百分点，就相当于"三农"增加了六七百亿元的投入。这项改革的逐步实施，将会为实施乡村振兴战略提供有力的资金支持。

三、吸引社会资本投入乡村振兴

乡村振兴非常需要社会资本的介入。"十三五"期间，社会资本投资"三农"的动力不足，增长缓慢，主要原因是近年来社会资本下乡被片面地认为是下乡掠夺，是零和游戏。但事实上，目前农村不少亮丽的风景，基本上都是前些年吸引社会资本下乡改造的结果。没有外部资本的介入，农村的荒山可能一直荒着，而如果打破社会资本下乡的障碍，吸引外部资本的投入改造，一方面会让农村环境得到很大改善，另一方面还会借此吸引城市消费者来农村旅游观光度假①。因此，"十四五"时期应该迈开更大的步伐吸引社会资本下乡，加大政策引导撬动力度，扩大农业农村有效投资。2021年4月22日，农业农村部办公厅、国家乡村振兴局综合司印发《社会资本投资农业农村指引（2021年）》，列出了现代种养业、现代种业、乡村富民产业、农产品加工流通业等13个鼓励投资的重点产业和领域，同时要求，根据各地农业农村实际发展情况，因地制宜创新投融资模式，通过独资、合资、合作、联营、租赁等途径，采取特许经营、公建民营、民办公助等方式，健全联农带农有效激励机制，稳妥有序投入乡村振兴②。

第二节
健全农村金融服务体系

一、"十三五"期间持续加大农村金融改革力度

"十三五"期间，我国现代农业建设取得重大进展，为乡村振兴实现

① 郑风田. 乡村振兴要做好三篇文章. 人民论坛，2018（35）.
② 地产前瞻研究院. 乡村振兴：13个投资重点领域与5大投入方式. 中国房地产，2021（20）.

良好开局。取得这样的成绩，离不开金融的支持。2020年金融机构贷款投向统计报告显示，2020年末，我国本外币涉农贷款余额38.95万亿元，同比增长10.7%，比上年末高3个百分点；全年增加3.94万亿元，同比多增1.26万亿元①。截至目前，我国基本形成以政策性金融、绿色金融、合作金融、商业金融为主导的农村金融服务体系。

一是推动完善支持政策体系。2019年，人民银行牵头印发《关于金融服务乡村振兴的指导意见》，鼓励开发性、政策性金融机构在业务范围内为乡村振兴提供中长期信贷支持。2019年9月，财政部、农业农村部、银保监会和林草局联合发布《关于加快农业保险高质量发展的指导意见》，提出到2022年基本建立多层次农业保险体系的阶段性目标，要求稻谷、小麦、玉米3大主粮作物农业保险覆盖率达到70%以上，收入保险成为我国农业保险的重要险种。2020年，农业农村部印发《关于贯彻落实国务院常务会议精神进一步推动加大对中小微农业企业复工复产信贷支持力度的通知》，协调人民银行、银保监会等出台支农专项再贷款、降低担保费率等政策措施，稳定并持续加强农业农村信贷投入。

二是针对行业需求开展专门信贷业务。2020年3月，农业农村部会同财政部、银保监会印发《关于进一步加大支持力度促进生猪稳产保供的通知》，部署完善临时贷款贴息补助政策，提高生猪贷款风险容忍度。截至2020年底，农业发展银行、农业银行生猪类贷款余额1 008.75亿元，较年初增加625.49亿元。2020年1月，农业农村部协调推动农业银行出台《种业行业信贷政策》，加大对种子行业的信贷支持力度。针对农产品仓储

---

① 健全农村金融服务体系：金融机构支持乡村振兴有妙招. (2021-03-09). http：//finance. sina. com. cn/money/bank/bank_hydt/2021-03-09/doc-ikknscsh9600468. shtml.

保鲜冷链设施建设项目补贴和融资需求，协调农业银行、邮政储蓄银行以及相应省份担保公司开发仓储贷专属产品。

三是扩展抵押品范围。人民银行引导金融机构积极稳妥开展农村承包土地的经营权抵押贷款、活体畜禽抵押贷款和林权抵押贷款，鼓励具备条件的地区探索开展集体资产股份、农垦国有农用地使用权抵押等信贷业务，支持农业产业发展。银保监会引导金融机构发挥农业保险保单增信功能，依法合规开展农产品仓单、农业知识产权等质押贷款。

二、"十三五"期间金融支农服务体系仍不够健全

由于我国金融服务体系处在"弱质农业、弱势农民、薄弱农村"的大环境下，农村金融服务体系相对滞后，仍存在着诸多问题。一是农村金融服务总量不足，供求错位。当前政府对于农村金融的扶持力度小于其需求强度，农户们对于大额资金的需求无法得到满足。同时，多数农村地区仍存在结算、保险、理财、咨询等其他服务空位缺失问题，并且贷款品种缺少、金融服务方式单一，这些业务已经无法满足日新月异的农村经济现代化要求和多元化需求。二是农户更多地通过非正规金融渠道进行借贷。由于农户们对于大额资金的需求无法得到满足，且农村金融借贷成本相对较高，更多的农户选择通过民间借贷等形式来获取资金。三是新型金融产品不能在农村普及。金融创新空白在我国农村大量存在，一方面体现为农民对新型金融产品需求不强，另一方面体现为金融机构在农村的新兴金融产品供给不足[1]。

---

① 蒋晓涵. 完善我国农村金融服务体系的若干思考. 合作经济与科技，2019（6）.

尽管近年来我国农业保险有了突飞猛进的发展,但由于起步较晚,制度建设还不健全,距离实施乡村振兴战略提出的较高要求还有很大差距。一是保险覆盖面小,风险保障作用未能充分发挥。2018 年,我国农业保险保障水平为 23.21%,还有 77% 左右的农业产值处于没有保险保障的风险裸露状态。二是农业保险经营存在违规操作乱象。目前农业保险市场的各种乱象主要集中在承保端的以各种方式替农户垫交保费、以各种方式进行保费返还、虚增标的及理赔端的"约定"赔付和不规范赔付等。三是农业保险产品不合需求。当前,我国农业保险产品结构比较单一。对于生产规模较大、风险较大、保险需求迫切的新型农业经营主体而言,保险赔偿金额只占总成本的小部分;而生产规模较小、风险相对较小、对保险兴趣不高的小农户则对保费金额很在意,即使几十元的自缴保费也不愿意交[①]。

三、"十四五"时期健全农村金融服务的重点任务

2021 年中央一号文件要求持续深化农村金融改革,从综合加强农业信贷支持、推动农村金融机构回归本源、进一步发挥保险业在服务乡村产业发展中的作用等多个角度做出顶层设计,为金融更好地服务加快农业农村现代化指明了方向。

为切实做好"十四五"时期农村金融服务工作,解决农村金融服务体系的现存问题,"十四五"时期健全农村金融服务体系的主要工作和重点任务是:第一,完善农村金融组织体系。支持国家开发银行、农业发展银

[①] 冯文丽,苏晓鹏.农业保险助推乡村振兴战略实施的制度约束与改革.农业经济问题,2020 (4).

行、农业银行和邮政储蓄银行等涉农金融机构拓展涉农业务范围，加大支农金融服务创新；拓展农村金融服务网络，鼓励银行机构在县域和网点空白的乡镇设立分支机构，通过 POS 机、ATM、微信支付、惠农金融服务点等多种形式延伸服务设施和服务能力。第二，促进"三农"信贷有效投放。加大对"三农"的信贷支持力度，保持涉农信贷投入持续增长；丰富农村信贷产品体系，探索扩大以果品、涉农仓单、大型农机具等涉农物权为抵押的金融支农信贷产品，探索发展"公司＋农户""公司＋中介组织＋农户"等新型信贷模式；加快农业信贷融资担保业务发展；健全涉农领域风险补偿机制；复制推广农村产权抵押贷款。第三，提升"三农"保险保障能力。进一步扩大农业保险品种和覆盖，积极推进特色优势农产品保险试点，全面提升农业保险保障服务能力；积极开展农房保险、小额人身保险等商业性涉农保险业务。第四，增强涉农企业直接融资能力。扩大涉农企业债券融资规模，帮助符合条件的涉农企业运用企业债、公司债、非金融企业债务融资工具等提升融资能力；积极培育优质农业企业、农业产业化经营大户等规模化农业经营实体，通过资本市场上市挂牌加快发展；规范各类农村投融资平台建设，充分利用各类政府引导基金，引导社会资本积极参与"三农"经济发展。第五，建立健全农村信用体系。加强农村信用环境建设，深入开展农户信用评级，推动农业经营主体评级[①]。

---

① 朱超．深化农村金融改革的主要工作和重点任务．中国储运，2021（7）．

健全农业支持保护制度

一、"十三五"期间农业支持保护政策不断完善

支持保护制度是现代化国家农业政策的核心，也是我国发展现代农业的必然要求。近年来，国家财政对"三农"的投入快速增长，农业补贴涵盖的范围越来越广，已初步构建了一套适合我国国情的比较完整的农业支持保护体系。主要成效有：第一，完善农产品价格形成机制，先后实施大豆、棉花目标价格补贴试点，实行"市场定价、价补分离"，取消玉米临储政策，建立"市场化收购＋生产者补贴"制度。第二，基本建立以绿色生态为导向、促进农业资源合理利用与生态环境保护的农业补贴政策体系，全面推开种粮直补、农作物良种补贴、农资综合补贴"三补合一"改革，支持耕地地力保护和粮食适度规模经营。第三，农业保险实现扩面增品提质，开展农业大灾保险试点、三大粮食作物完全成本保险和收入保险试点、中央财政对地方优势特色农产品保险奖补试点，"十三五"期间，累计为农业产业提供风险保障 12.2 万亿元，服务农户 8.02 亿户次。多层次农业风险保障机制基本构建。全国农业信贷担保体系基本健全，2020 年全国农业信贷担保体系在保项目 69 万个，在保金额 2 060 亿元，政策效能

放大了 3.21 倍①。

二、"十三五"期间整体性的农业支持保护政策体系尚未形成

"十三五"期间对农业支持保护政策体系的探索在促进市场价格形成、缩小国内外价差上取得一定效果，同时也暴露出一些问题，主要有以下几个方面：第一，单纯靠国家产粮奖补政策，难以长期维持粮食主产区政府和农民种粮积极性。现有粮食主产区利益补偿机制是由中央政府出资的粮食奖励政策，奖补资金有限，未能解决产粮大省或大县"粮财倒挂"问题，产粮大省或大县常常是财政穷省或穷县。同时，种粮收益低影响农民种粮积极性，粮食奖补与粮食调出无关影响粮食调出大省种粮积极性②。第二，农业项目细碎分散，难以形成合力。农业涉及面广，农业发展主管部门多且分散，导致涉农项目多、来源广，但是很多项目散而小、呈碎片化，且资金数量少，申报成本高。第三，粮食最低收购价政策的系统性不强，制约农业生产结构优化。从政策间职能划分角度来看，往往是某一类农产品对应一种支持政策，试图以一项政策实现该作物品种调控的多个目标，一步到位的思路常导致政策目标混乱，政策执行低效。从某一具体政策来看，设计不够精细，政策范围不明晰，支持方式简单粗放，抑制市场自发调节功能，加剧生产者脆弱性。2014 年开始采取的"分品种施策、渐进式推进"农产品价格形成机制改革，由于在不同品种粮食比价关系和农作物种植结构上统筹考虑不足，虽然有些独立政策取得了

---

① 农业现代化辉煌五年系列宣传之一：农业现代化成就辉煌 全面小康社会根基夯实. (2021 - 05 - 08). http://www.ghs.moa.gov.cn/ghgl/202105/t20210508_6367377.htm.
② 李天来. 完善粮食主产区利益补偿机制. 中国科学报，2021 - 05 - 25.

较好的成效，但从整体上看，对农业生产结构的优化调整存在一定程度上的制约[①]。

三、"十四五"时期需加快构建新型农业补贴政策体系

"十四五"规划提出，完善粮食主产区利益补偿机制，构建新型农业补贴政策体系，完善粮食最低收购价政策。为实现上述目标，要完善农业补贴制度，加快构建统筹国内发展需要和适应国际规则的新型农业补贴政策体系。第一，要提高农业支持政策的市场化程度。农业支持方式除了托市收购、直接补贴等传统方法之外，还应该创新补贴手段。以政策性信贷优化农业支持保护制度，给予农户足够保护的同时，维持种植决策的灵活性，减少目标价格和国有储备对市场的干扰，给市场自发调整预留空间，避免市场政策化，降低农业支持保护的社会成本。第二，坚持对农户"托底＋赋能"缺一不可。一方面，要坚持对农户托底。为了避免财政和市场风险，需要限定托市范围，根据农民的生产生活需求确定托底下限，根据财政预算和市场承受能力确定托底上限，把托底影响限定在可控范围内。另一方面，要培养农户的产品营销能力。国家对粮食购销有贷款支持，但应从传统购销企业贷款扩展到对主要粮食购销和加工主体的购销行为和粮食经营者的销售行为进行支持。农户的粮食经营行为既有生存性质又有投机性质，把农户的潜在营销能力调动起来、增强其市场适应力非常重要。第三，设计多层次农业支持体系，构建市场动态监测系统。农业支持保护政策设计是一个系统工程，应当细化政策目标，区分成本覆盖和合理收益

---

① 徐田华.完善我国农业支持保护政策体系的对策建议.农业农村部管理干部学院学报，2021（2）.

的差别，区别农产品之间的内部差异，有针对性地设计农业支持政策。考虑到政策之间的相互作用，应做好政策分工和配合，理顺政策干预逻辑，避免倒行逆施引起市场阻滞。建立完备的农产品市场信息动态监测和发布机制非常必要。急需完善重要农产品市场价格监测发布制度，定期公布主产区、主销区及全国平均价格和进口产品完税成本价格，增强农业生产者对市场价格的敏感度以及响应市场变化的调整能力。此外，政府补贴需要准确的地块、面积、种植等数据作为发放补贴的依据，构建重要农产品种植信息收集监测系统，收集播种面积、作物种类、收获面积、收获量等种植信息，以便提高各类补贴核算的精确度[①]。

｜ 第四节 ｜

完善农村用地保障机制

一、"十三五"期间农业农村发展用地供需结构发生深刻转变

"十三五"期间，随着农业适度规模经营的快速发展和农村新产业新业态的不断涌现，农业农村发展用地供需结构发生了深刻转变，呈现出四大基本趋势。一是农地流转和适度规模经营加速，这对农业用地供给稳定

---

① 普蕙喆，程郁，郑风田 . 以政策性信贷优化农业支持政策：美国镜鉴 . 农业经济问题，2017
(12).

和风险防范提出了新要求。二是农业产业链持续延伸，带动农产品冷链、初加工、休闲采摘、仓储、农产品电商等设施建设用地需求快速增长。三是美丽乡村建设取得新进展，增加了道路、休闲广场、养老服务、文化设施、公厕、垃圾污水处理等公共设施用地需求。四是随着一二三产业的融合发展，依托农业农村生态资源催生的乡村民宿、农业观光、农业体验、乡村度假、乡村养老等新业态，引发餐饮、住宿、游乐、停车等乡村新产业发展用地需求的大幅增长①。

二、"十四五"时期保障设施农业和乡村产业发展合理用地需求

"十四五"规划和 2035 年远景目标纲要提出，完善农村用地保障机制，保障设施农业和乡村产业发展合理用地需求。此前，2019 年 12 月，自然资源部和农业农村部发布《关于设施农业用地管理有关问题的通知》，有效期为 5 年。该文件在坚持土地用途管制的前提下，适应农业农村发展对设施农业用地的现实需求，进一步完善了设施农业用地管理办法，将设施农业用地纳入农业内部结构调整范围，允许设施农业使用一般耕地，且不用落实占补平衡，也不需办理建设用地审批手续。2020 年中央一号文件明确提出："将农业种植养殖配建的保鲜冷藏、晾晒存贮、农机库房、分拣包装、废弃物处理、管理看护房等辅助设施用地纳入农用地管理，根据生产实际合理确定辅助设施用地规模上限。农业设施用地可以使用耕地。强化农业设施用地监管，严禁以农业设施用地为名从事非农建设。"2021

---

① 林冬生. 构建农业农村发展用地保障机制助推乡村振兴的彭山经验. 四川农业科技，2021(1).

年中央一号文件明确提出："完善盘活农村存量建设用地政策，实行负面清单管理，优先保障乡村产业发展、乡村建设用地。"

随着农业现代化的发展，农业设施用地和产业用地需求普遍强烈，但农业附属设施用房资产缺乏法律保障，制约社会资本和农户投资农业的积极性。目前存在的主要问题是，一方面农村集体建设用地存在粗放利用和闲置浪费现象，另一方面富民乡村产业用地却难以保障。这反映了农业设施用地的供需结构失衡。"十四五"时期，完善农村用地保障机制，既要坚持城乡融合，又要体现城乡差别，以县域为单元，针对不同类型和特点的产业提供不同的空间载体和用地途径。在具体方式上，一是对农产品初加工、仓储物流、农产品批发市场、农产品电商、乡村旅游等农村产业融合发展项目的建设用地给予倾斜。二是在合理控制附属设施和配套设施用地占比和规模基础上，扩大设施农业领域范围，包括将支持农村产业融合发展的农产品冷链烘干、初加工、休闲采摘设施等一并纳入，扩大设施农业用地范围。

| 第五节 |

完善农村创业服务

一、"十三五"期间农民工返乡创业呈上升趋势

乡村振兴，关键在人。费孝通先生曾经介绍过传统中国的人力资源双重循

环回路，即乡村地区通过科举等方式向城市输送人才，这部分人力资源再通过乡贤回乡等方式，作为"乡绅阶层"回流到乡土社会，并广泛参与到乡村社会的管理和乡土社会秩序的构建之中。实际上，返乡创业一直是我国农村发展的一个法宝，当下不少已经富起来的村庄，大部分的带头人都是走出去见过世面的回乡创业者。浙江横店的徐文荣，年轻时走南闯北，外出打工时发现缫丝厂挺赚钱，于是在家乡也创办类似的缫丝厂，很快掘得第一桶金。而全国知名百亿元村江苏张家港市的永联村带头人吴栋材也是一位回乡创业者。吴栋材既当过兵，也做过生意，后来回到家乡当生产队长，通过养鱼获得第一桶金，而今他已经是一个现代化的年产值200多亿元的大钢厂董事长①。

"十三五"期间，农村创业创新环境持续改善，一二三产业加快融合，新产业新业态层出不穷，吸引一大批农民工、中高等院校毕业生、退役军人和科技人员等各类人才返乡入乡创业，扶持一批"田秀才""土专家""乡创客"等乡土人才以及乡村工匠、文化能人、手工艺人等在乡创业，形成农村创新创业热潮，吸引更多资金、技术和人才要素向乡村汇聚，成为乡村产业发展强大动能。根据农业农村部数据统计，2019年，在乡创新创业人员超过3 150万。2020年，全国返乡入乡创业创新人员达1 010万人左右，比2019年增长了160万人，增长18.8%，首次突破1 000万人。据农业农村部监测，返乡入乡创业创新项目70%具有带动农民就业增收效果，40%的项目带动农户脱贫，一个返乡创业创新项目平均可吸纳6.3人稳定就业、17.3人灵活就业②。

---

① 郑风田. 乡村人才是破解农业改革难题的关键. 西部大开发, 2018 (5).
② 农业现代化辉煌五年系列宣传之二十二：返乡创业热 农民增收多. (2021 - 06 - 22). http://www.ghs.moa.gov.cn/ghgl/202106/t20210622_6370060.htm.

二、"十三五"期间农民工返乡创业仍面临困难挑战

我国农民工返乡创业尚在起步阶段，虽然在实践中摸索出一些有效的经验，但"十三五"期间，返乡入乡创业还面临不少问题，主要包括：一是国家层面针对农民工回乡创业的推力不足；二是地方政策存在"扶大忽小"问题，政策落实不到位；三是创业培训体系尚未成型；四是创业后孵化机制薄弱；等等。要促进农民工返乡创业，既需要在教育培训方面下功夫，为返乡创业人才提供必要的知识和信息，更需要当地政府部门和国家层面的各政策部门通力合作，从资金支持、政策保障、财政优惠、公共服务、投资环境等各个方面，为返乡创业者建立起全面的保障体系。

三、"十四五"时期需出台政策措施完善农村创业服务

"十四五"时期，为支持农民工等群体返乡创业，国家出台了一系列重大政策措施，在财政补助、融资服务、税收优惠、用地用电等方面予以支持，强化创业和就业技能培训，促进乡村人才振兴。

《乡村振兴促进法》提出："国家鼓励城市人才向乡村流动，建立健全城乡、区域、校地之间人才培养合作与交流机制。""县级以上人民政府应当建立鼓励各类人才参与乡村建设的激励机制，搭建社会工作和乡村建设志愿服务平台，支持和引导各类人才通过多种方式服务乡村振兴。""乡镇人民政府和村民委员会、农村集体经济组织应当为返乡入乡人员和各类人才提供必要的生产生活服务。农村集体经济组织可以根据实际情况提供相关的福利待遇。"为继续完善农村创业服务，"十四五"时期应继续做好下列工作：一是培育创业主体。深入实施农村创新创业带头人培育行动，加

大创业补贴、相关金融及各类基金支持力度，保障创业用地需求，培育返乡、入乡和在乡三类创业主体，丰富乡村产业发展类型，引领乡村新兴产业发展。二是搭建创业平台。选树农村创业创新典型县，建设农村创业创新园区、孵化实训基地等平台载体，集聚资源要素、配套基础设施、完善服务功能，帮助返乡入乡在乡人员顺畅创业。三是强化创业指导。支持县乡政府设立农村创业创新服务窗口，开通网页专栏，提供一站式服务，依托普通高校、职业院校、培训机构等多种培训平台，强化创业服务和培训，创新指导服务方式。

第六节
深化供销合作社改革

一、"十三五"期间供销合作社在曲折转型中成为服务"三农"重要载体

近年来，农业农村发展环境发生重大变化，出现一系列新的趋势：农业现代化水平不断提高，农户兼业化水平越来越高，农村空心化、农业劳动力老龄化日趋严重。在农户高度兼业化和农业劳动力日趋老龄化的情况下，需要尽快发展包括供销合作社在内的农业社会化服务体系，为乡村振兴提供新动能。供销合作社是党领导下的为农服务的综合性合作经济组

织，有着悠久的历史、光荣的传统，是推动我国农业农村发展的一支重要力量。2014 年，经国务院办公厅批复，中华全国供销合作总社在河北、山东、浙江、广东 4 省进行综合改革试点。2020 年 9 月，习近平总书记对供销合作社改革做出重要指示："各级党委和政府要围绕加快推进农业农村现代化、巩固党在农村执政基础，继续办好供销合作社。供销合作社要坚持从'三农'工作大局出发，牢记为农服务根本宗旨，持续深化综合改革，完善体制机制，拓展服务领域，加快成为服务农民生产生活的综合平台，成为党和政府密切联系农民群众的桥梁纽带，努力为推进乡村振兴贡献力量，开创我国供销合作事业新局面。"[1]

"十三五"期间，全国供销合作系统深入贯彻落实《中共中央、国务院关于深化供销合作社综合改革的决定》精神，充分发挥系统组织体系和经营服务网络化比较健全的优势，通过出资和服务带动等方式领办创办农民合作社。近年来，全国供销合作系统在促进现代农业建设、农民增收致富、城乡融合发展等方面做了大量工作。截至 2020 年底，全国供销合作系统领办创办农民合作社总数达 19.25 万家、入社农户 1 515.7 万户。2020 年全系统组织农民合作社参加各类产销对接活动 3 157 次，推动系统内大型商贸企业、农产品批发市场、连锁超市等流通企业，与农民合作社建立起长期稳定的业务合作关系，带动农产品销售。此外，地方供销合作社还创新工作举措，积极创办农民合作社服务中心等服务组织，为合作社等新型农业经营主体提供项目咨询、供求信息、代理记账、工商税务代办等服务[2]。

---

[1]　习近平论"三农"工作和乡村振兴战略（2020 年）. （2021－05－24）. http：//www.moa.gov.cn/ztzl/xjpgysngzzyls/zyll/202105/t20210524_6368245.htm.

[2]　关于政协第十三届全国委员会第四次会议第 2539 号提案的答复摘要. （2021－07－22）. http：//www.moa.gov.cn/govpublic/NCJJTZ/202107/t20210722_6372536.htm.

二、"十四五"时期通过"三位一体"综合合作社试点深化供销合作社改革

全面实施乡村振兴战略、加快推进农业农村现代化，对供销合作社的发展提出了新的更高要求、开辟了更为广阔的空间。2021 年中央一号文件提出"深化供销合作社综合改革，开展生产、供销、信用'三位一体'综合合作社试点"，为深化供销合作社改革指明了方向①。例如，浙江省义乌市围绕"为农、务农、姓农"的总体要求，按照把供销合作社打造成为服务农民生产生活的生力军和综合平台的目标，全力整合各方资源，积极构建"一会、一平台、三合作"（构建农民合作经济组织联合会，打造为农服务综合平台，推进生产、供销、信用"三位一体"合作服务）的为农服务格局，全面推动义乌农业转型升级。目前，供销合作社正逐步从"经营者"向"服务者"转变，从传统的农业流通领域向全程社会化服务体系延伸②。下一步，供销合作系统要充分发挥供销合作社综合服务平台作用，带动农民合作社围绕当地优势产业开展系列化服务，持续开展产销对接活动，形成服务农民生产生活的合力。

---

① 刘爱英. 行唐县供销社服务乡村振兴调查与思考. 合作经济与科技，2021（16）.
② 浙江省义乌市推进"三位一体"改革 让供销社回归服务"三农"本位.（2021 - 01 - 28）. http://www.zcggs.moa.gov.cn/ncggysyqjs/202101/t20210128_6360659.htm.

第四篇

实现巩固拓展脱贫攻坚成果
同乡村振兴有效衔接

党的二十大报告提出："巩固拓展脱贫攻坚成果，增强脱贫地区和脱贫群众内生发展动力。"脱贫攻坚与乡村振兴是为确保实现"两个一百年"奋斗目标而实施的国家战略。前者立足于 2020 年全面建成小康社会的第一个百年奋斗目标，致力于消除绝对贫困，实现全面小康；后者着眼于 21 世纪中叶全面建成社会主义现代化强国的第二个百年奋斗目标，致力于缓解相对贫困，实现共同富裕。因此，"十三五"期间的重点工作是打赢脱贫攻坚战，脱贫攻坚是全面建成小康社会必须完成的硬任务。到 2020 年底，我国现行标准下 9 899 万农村贫困人口全部脱贫，832 个贫困县全部摘帽，12.8 万个贫困村全部出列[①]，解决了区域性整体贫困。所有贫困人口实现了"一超过、两不愁、三保障"，完成了消除绝对贫困的艰巨任务。然而，脱贫攻坚解决的是"三农"发展中的底线问题，农村发展不平衡不充分的问题仍然严峻，因此，"十四五"时期，巩固拓展脱贫攻坚成果与乡村振兴成为新的目标任务，瞄准的是第二个百年奋斗目标，重点为缓解相对贫困，实现乡村振兴和城乡融合发展，是贯穿于全面建设社会主义现代化国家新征程的长期任务。

"十三五"期间，我国建档立卡贫困人口人均纯收入从 2015 年的 2 982 元增加到 2020 年的 10 740 元；960 多万人通过易地搬迁"拔掉穷根"；2 568 万贫困群众的危房得到改造；10.8 万所贫困地区义务教育薄弱学校得到改造；2 889 万贫困人口饮水安全问题全部解决……不愁吃、不愁穿，义务教育、基本医疗、住房安全和饮水安全有保障[②]。我国坚持开

---

① 《人类减贫的中国实践》白皮书. (2021 - 04 - 06). http：//nrra. gov. cn/art/2021/4/6/art _ 624 _ 188197. html.

② "十三五"，我们这样走过：三大攻坚战取得决定性成就. (2021 - 03 - 01). https：//baijia-hao. baidu. com/s? id=1692981456389512610&wfr=spider&for=pc.

发式扶贫方针，引导有劳动能力的贫困人口依靠自己的双手创造美好明天。建档立卡贫困人口中，90%以上得到了产业扶贫和就业扶贫支持，三分之二以上主要靠外出务工和产业脱贫，增收可持续性稳步增强。"十三五"期间，我国专项扶贫、行业扶贫、社会扶贫、电商扶贫、消费扶贫互为补充的大扶贫格局逐步形成并日趋完善。2020年脱贫攻坚任务如期完成后，要在巩固拓展脱贫攻坚成果的基础上，做好乡村振兴这篇大文章，接续推进脱贫地区发展和群众生活改善。2020年中央农村工作会议强调，脱贫攻坚取得胜利后要全面推进乡村振兴，这是"三农"工作重心的历史性转移。目前，我国正处于"两个一百年"奋斗目标的历史交汇期，2021年中央一号文件强调要实现巩固拓展脱贫攻坚成果同乡村振兴有效衔接，这是实现长效脱贫减贫，走向共同富裕和现代化的重要路径。《中共中央、国务院关于实现巩固拓展脱贫攻坚成果同乡村振兴有效衔接的意见》指出，打赢脱贫攻坚战、全面建成小康社会后，要进一步巩固拓展脱贫攻坚成果，接续推动脱贫地区发展和乡村全面振兴。

我国下一步"三农"工作的核心任务就是要推动减贫战略和工作体系的平稳转型，把脱贫人口统筹纳入乡村振兴战略，建立长短结合、标本兼治的体制机制。"十四五"规划强调要建立完善农村低收入人口和欠发达地区帮扶机制，保持主要帮扶政策和财政投入力度总体稳定，接续推进脱贫地区发展。因此，脱贫攻坚和乡村振兴的有效衔接，不仅是对已经脱贫的832个贫困县、12.8万个贫困村和近亿脱贫人口扶上马、送一程，做到不返贫的问题，从长远来看，全国其他的非贫困县、非贫困村与非脱贫人口要在乡村振兴中借鉴脱贫攻坚的体制机制，加快实施农业农村现代化。

第四篇的章节安排如下：第九章是"巩固提升脱贫攻坚成果"，主要探讨如何解决脱贫攻坚成果现存问题，健全政策、建立长效机制，防止个体或局部区域返贫；第十章是"提升脱贫地区整体发展水平"，主要探讨如何通过完善政策、转移工作侧重点，增强整体区域发展活力，进而推动县域发展可持续和乡村振兴。

第九章

巩固提升脱贫攻坚成果

　　为保障脱贫地区有序调整、平稳从脱贫攻坚向乡村振兴过渡，当前的工作重点转变为巩固拓展脱贫攻坚成果，即在脱贫人口年人均纯收入4 000元的标准下的再提升，防止脱贫人口出现返贫现象。巩固拓展脱贫攻坚成果是在已脱贫地区展开的工作，在区域上主要集中在我国中西部地区，具体分布在原来的全国14个集中连片特困地区、832个国家级贫困县和3万个深度贫困村等深度贫困地区，而乡村振兴则是在全国农村践行的国家级发展战略。巩固拓展脱贫攻坚成果能够为乡村振兴提供强有力的保障。巩固拓展脱贫攻坚成果需要保持主要帮扶政策总体稳定，健全防止返贫动态监测和帮扶机制，巩固"两不愁三保障"成果，做好易地扶贫搬迁后续扶持工作，加强扶贫项目资产管理和监督，支持脱贫地区乡村特色产业发展壮大，促进脱贫人口稳定就业。

｜第一节｜
"四个不摘"与长效机制建立

一、"十四五"时期严格落实"四个不摘"政策

2019年4月16日，习近平主持召开解决"两不愁三保障"突出问题座谈会并发表重要讲话。他指出："贫困县摘帽后，要继续完成剩余贫困人口脱贫任务，实现已脱贫人口的稳定脱贫。贫困县党政正职要保持稳

定，做到摘帽不摘责任。脱贫攻坚主要政策要继续执行，做到摘帽不摘政策。扶贫工作队不能撤，做到摘帽不摘帮扶。要把防止返贫放在重要位置，做到摘帽不摘监管。要保持政策稳定性、连续性。"① 贫困县摘帽，户脱贫、村出列，主要标准是贫困户的收入水平脱贫了，"两不愁三保障"的基本问题解决了，但扶贫产业是不是能够持续发展，基础设施还存在哪些短板，公共服务均等化如何尽快地延伸到贫困乡村，农民们急难愁盼的问题怎样更好地解决，这些都仍需要做大量艰苦细致的工作。因此，贫困县摘帽不是终点，摘帽不摘责任、摘帽不摘政策、摘帽不摘帮扶、摘帽不摘监管，要保持帮扶政策的延续以及必要的优化和合理的调整，由此保持战略与政策的稳定性，从而确保脱贫成果得到人民认可、经得起历史检验。

"十四五"时期是巩固拓展脱贫攻坚成果的过渡期。在过渡期内，要继续实行"四个不摘"。主要的政策措施不能"急刹车"，无论是帮扶的资源，还是帮扶的力量，要总体保持稳定。

首先，摘帽不摘责任。在部分贫困地区，由于党政领导干部调整频繁，一张蓝图难以干到底，继任者又要花费大量时间熟悉情况，不利于脱贫攻坚工作的开展。贫困县摘帽后，落实责任依然不能松劲。要强化党政一把手负总责的责任制，把"摘帽不摘责任"当成干部工作的"标配"。

其次，摘帽不摘政策。习近平总书记强调，脱贫攻坚主要政策要继续执行，做到摘帽不摘政策。为了帮助贫困地区稳步脱贫、避免返贫，要留出缓冲期，贫困县、贫困村、贫困户脱贫后，在脱贫攻坚期内仍可继续享

---

① 习近平在重庆考察并主持召开解决"两不愁三保障"突出问题座谈会时强调 统一思想一鼓作气顽强作战越战越勇 着力解决"两不愁三保障"突出问题. 人民日报，2019－04－18.

受现有的国家扶持政策。精准扶贫不是立竿见影的，发展产业、异地搬迁等很多扶贫举措见效都需要一个过程，这就客观上需要扶贫政策扶上马、送一程。

再次，摘帽不摘帮扶。按照现有标准脱贫，摘帽只是消除了绝对贫困。实际上，摘帽各县依然存在着一定程度的贫困人口，这些贫困人口是脱贫攻坚道路上最难啃的骨头。无论摘帽前还是摘帽后，各级帮扶干部的心劲都不能松。扶贫干部要在"摘帽"之后坚守岗位，保持工作连续性，实现已脱贫人口的稳定脱贫。同时，要抓好村干部、党员、致富带头人、志愿者这四支队伍，打造一支"不走的扶贫工作队"，确保有长期坚守阵地的团队。

最后，摘帽不摘监管。贫困县摘帽后仍然处于相对贫困状态，刚脱贫的群众，生活还处于较低水平，工作稍有松懈，就有可能重返贫困。因此，贫困县退出后，要加大致贫返贫风险防控力度，建立相应的保障机制、风险规避机制，适时组织对脱贫人口开展"回头看"，对已脱贫的贫困户和困难群众进行动态监测并及时预警，确保脱贫户不返贫。

二、"十四五"时期建立健全巩固拓展脱贫攻坚成果长效机制

脱贫攻坚是必须实现的短期性的政治目标，目的在于短期内实现农村贫困地区社会生产力的较快发展以及社会生产效率的大幅提升，以此满足贫困群体在不愁吃、不愁穿，义务教育、基本医疗和住房安全等方面的基本需求；而乡村振兴是具有战略指引权威性的长期战略，目的在于进一步补齐农村短板、强化农业底板，通过缩小城乡及工农业之间的发展差距、培育并增强农业农村发展的内生动力，缓解农业农村发展中存在的问题。

当前我国社会中最大的发展不平衡是城乡发展不平衡，最大的发展不充分是农村发展不充分，因此只有建立长效机制，落实好教育、医疗、住房、饮水等民生保障普惠性政策，并根据脱贫人口实际困难给予适度倾斜，优化产业就业等发展类政策，才能确保稳步推进乡村振兴的进程。

对于如何保障脱贫地区有序调整、平稳过渡，《关于实现巩固拓展脱贫攻坚成果同乡村振兴有效衔接的意见》提供了非常明确具体的政策，其中"建立健全巩固拓展脱贫攻坚成果长效机制"[①] 是第一项重点工作。

"十四五"时期，在建立健全巩固拓展脱贫攻坚成果长效机制方面，有以下几点安排：

第一，建立低收入人口和欠发达地区的动态监测和帮扶机制。充分利用民政、扶贫、教育、人力资源社会保障、住房城乡建设、医疗保障等政府部门现有数据平台，加强数据对比和信息共享，及时预警返贫风险，完善基层主动发现机制。发现低收入人口风险点后，建立相应的帮扶机制，如就业支持和保障制度，提供就业技能培训，加强就业信息交流，建立合理的失业保险和就业救助制度。明确低收入人口和欠发达地区帮扶原则、主要帮扶方式、资源保障机制以及相应的领导和责任机构、治理体系。

第二，持续做好易地扶贫搬迁后的帮扶建设工作。要持续聚焦原深度贫困地区、大型特大型安置区，从就业需要、产业发展和后续配套设施建设提升完善等方面加大扶持力度，继续加强交通、水利、能源、通信、环境等基础设施建设，巩固推进农业农村发展的物质基础，尽快建立脱贫地区基础设施管护制度。提升安置区社区管理服务水平，建立关爱机制，促

---

① 中共中央 国务院关于实现巩固拓展脱贫攻坚成果同乡村振兴有效衔接的意见. （2021 - 03 - 22）. http://www.gov.cn/zhengce/2021 - 03/22/content_5594969.htm.

进社会融入，让搬迁人口尽快完成再社会化过程。搭建用工信息平台，培育区域劳务品牌，加大脱贫人口有组织劳务输出力度。

第三，提升和完善基本公共服务供给。要巩固义务教育成果，改善义务教育办学条件，加强城乡教师合理流动。发展涉农职业教育，建设产教融合基地。拓展基本医疗保障成果，完善城乡居民基本医疗保险参保个人缴费资助政策，重点加大医疗救助资金投入，倾斜支持乡村振兴重点帮扶县。提升村卫生室标准化建设，建立养老助残机构，加快补齐公共卫生服务短板。

第四，加强投入保障并建立项目资产监督制度。中央财政继续通过现有渠道积极支持乡村建设，金融机构扩大贷款投放，拓宽农业农村抵质押物范围，引导社会力量投入以及政府和社会资本合作模式。脱贫攻坚期间投资建设了大量的归集体所有且形成固定资产的基础设施、公共服务设施及扶贫车间、扶贫基地等扶贫项目。应分类摸清各类扶贫项目形成的资产底数，构建归属清晰、权能完整、流转顺畅、保护严格的项目产权制度，切实维护农村集体和农民群众的合法权益。

第五，支持乡村特色产业发展壮大及产业配套设施建设。关注产业的长期发展，提高产业市场竞争力和品牌抗风险能力。以县为单位规划发展乡村特色产业，完善全产业链支持措施，如配套设施建设。加快农产品仓储保鲜冷链物流设施建设，推进产销冷链集配中心建设，针对农产品优势产区、重要集散地、脱贫县脱贫村和主要销区，打造农产品产销的冷链物流网络。支持有条件的乡镇建设商贸中心，扩大农村电商覆盖面。深化交通运输与邮政快递融合发展，推进快递进村行动早日完成。

第六，完善东西部协作帮扶和对口支援建设。东西部协作帮扶和对口支援是具有中国特色且行之有效的社会帮扶制度，在我国脱贫攻坚任务中发挥了重要的积极作用。应继续完善东西部协作和对口支援的长效机制，将脱贫攻坚期间的一对多、多对一的帮扶办法，调整为一个东部地区省份帮扶一个西部地区省份的长期固定结对帮扶关系，加强产业合作、劳务协作、人才支援、产业梯度转移等多个方面的跨省协作，不同行业间可以对口支援。通过完善准入、税收减免、信息共享、购买服务等政策引导，逐步建立和完善个人和社会组织等社会力量共同参与帮扶的长效机制。

‖ 第二节 ‖
健全防止返贫动态监测和精准帮扶机制

一、"十三五"期间存在的主要问题

"十三五"期间，我国已全面解决绝对贫困问题，但要清醒意识到，当前相当一部分群众脱贫基础还比较脆弱，防止返贫的任务还很重。脱贫地区特别是原深度贫困地区，灾害高发频发，产业基础薄弱，保障水平不高；脱贫人口稳定就业增收能力弱，因病、因学、因残等，都容易造成返贫致贫。此外，易地搬迁群众也格外需要关注，搬迁后扶工作面宽量大，实现稳得住、有就业、能致富，还面临很多困难和挑战[①]。而目前很多地区仍沿用精准扶贫时期的识别机制，无法覆盖脱贫户与非脱贫户，不能对返贫风险及时预警，在筛查、监测、动态帮扶方面存在漏洞，因此应健全防止返贫动态监测和精准帮扶机制。

健全防止返贫动态监测和精准帮扶机制是从制度上预防和解决返贫问题、巩固拓展脱贫攻坚成果的有效举措。应全面总结防止返贫监测和帮扶机制运行的经验成效，进一步健全机制，调整政策，细化要求，继续精准施策，补齐短板，消除风险，做到早发现、早干预、早帮扶，切实防止返贫致贫，守住防止规模性返贫的底线。《国务院扶贫开发领导小组关于建立防止返贫监测和帮扶机制的指导意见》确定了防止返贫机制建立的基本原则和防止返贫的帮扶措施。

二、"十四五"时期的重点工作

目前各地防止返贫动态监测和精准帮扶工作推进很不平衡，有的还十分滞后。2021 年一季度，有 532 个脱贫县没有新增监测对象。到 2021 年 6 月，仍有 13 个县的数据是"零"变化[②]。因此，要立即采取有效措施，尽快整改，在巩固拓展脱贫攻坚成果后评估中对此重点予以关注。主要可从以下方面着手：

首先，要明确监测对象和范围。监测对象以家庭为单位，监测脱贫不稳定户、边缘易致贫户，以及因病因灾因意外事故等刚性支出较大或收入大幅缩减导致基本生活出现严重困难户，重点监测其收入支出状况、"两

---

① 王正谱在健全防止返贫动态监测和帮扶机制工作部署会议上的讲话（2021 年 5 月 18 日）．(2021－06－09)．http：//nrra.gov.cn/art/2021/6/9/art_4346_189930.html.

② 同①.

不愁三保障"及饮水安全状况等。重点关注大病重病患者和负担较重的慢性病患者、重度残疾人、失能老年人口等特殊群体的家庭。各省（自治区、直辖市）综合本区域物价指数变化、农村居民人均可支配收入增幅和农村低保标准等因素，合理确定监测范围，实事求是确定监测对象规模。各地要实时监测灾害、疫情等各类重大突发公共事件带来的影响，防范大宗农副产品价格持续大幅下跌、农村劳动力失业明显增多、乡村产业项目失败、大中型易地扶贫搬迁集中安置区搬迁人口就业和社区融入等方面的风险隐患，及时排查预警区域性、规模性返贫风险，制定防范措施，落实帮扶举措。

其次，要优化监测方式和帮扶政策。健全防止返贫大数据监测平台，加强相关部门、单位数据共享和对接，充分利用先进技术手段提升监测准确性，以国家脱贫攻坚普查结果为依据，进一步完善基础数据库。健全监测对象快速发现和响应机制，细化完善农户自主申报、基层干部排查、部门筛查预警等监测方式，及时掌握分析媒体、信访等信息，拓宽风险预警渠道。加强政策宣传，因地制宜拓展便捷的农户自主申报方式。基层干部进行常态化预警，每年至少开展一次集中排查。完善监测对象识别程序，对新识别监测对象增加农户承诺授权和民主公开环节。强化政策支持和精准施策，坚持预防性措施和事后帮扶相结合，可使用行业政策、各级财政衔接推进乡村振兴补助资金等，对所有监测对象开展精准帮扶。根据监测对象的风险类别、发展需求等开展针对性帮扶。对风险单一的，实施单项措施，防止陷入福利陷阱；对风险复杂多样的，因户施策落实综合性帮扶；对有劳动能力的，坚持开发式帮扶方针，促进稳定增收；对无劳动能力或部分丧失劳动能力且无法通过产业就业获得稳定收入的，纳入农村低保或特困人员救助供养范围，做好兜底保障；对内生动力不足的，持续扶志扶智，激发内生动力。加强社会帮扶，继续发挥东西部协作、对口支援、中央单位定点帮扶等制度优势，动员社会力量积极参与，创新工作举措，对监测对象持续开展帮扶。

｜第三节｜
完善农村社会保障和救助制度

一、"十三五"期间实现"两不愁三保障"

"十三五"期间，脱贫攻坚的主要对象是农村贫困人口，实现农村贫困人口脱贫的基本要求和核心指标是"两不愁三保障"，即不愁吃、不愁穿，义务教育、基本医疗、住房安全有保障。打赢脱贫攻坚战后，"十四五"时期，农村社会保障和救助的主要对象应转变为所有农村低收入人口，构建以最低生活保障为核心的社会救助政策和常态化帮扶机制，从而防止脱贫不稳定户、边缘易致贫户出现返贫致贫现象，守住不发生规模性返贫的底线，巩固拓展脱贫攻坚成果。

二、"十四五"时期构建分层分类的农村低收入人口常态化帮扶机制

2020 年末，我国现行标准下 9 899 万农村贫困人口全部脱贫，832 个

贫困县全部摘帽，绝对贫困历史性消除。然而，中国仍是一个发展中国家，全国居民的平均收入水平依然不高，而且城乡差距较大，低收入群体主要在农村。因此，健全农村低收入人口常态化帮扶机制就是全面建设社会主义现代化国家新征程的一项长期和重要的任务。可以从以下几个方面着手：

一是完善最低生活保障制度，科学认定农村低保对象，提高政策精准性，适度扩大政策覆盖面。完善农村特困人员救助供养制度，合理提高救助供养水平和服务质量。加强社会救助资源统筹，根据对象类型、困难程度，及时、有针对性地给予困难群众医疗、教育、住房等专项救助。

二是进一步夯实医疗救助托底保障，合理设定年度救助限额，合理控制救助对象政策范围内自付费用比例，重点加大医疗救助资金投入。

三是完善城乡居民基本养老保险困难人口费用代缴政策，为参加城乡居民养老保险的低保对象、特困人员、返贫致贫人口、重度残疾人等缴费困难群体代缴部分或全部保费。

四是强化县、乡两级养老机构对失能、部分失能特困老年人口的兜底保障。加大对孤儿、事实无人抚养儿童等保障力度。加强残疾人托养照护、康复服务。鼓励通过政府购买服务对社会救助家庭中生活不能自理的老年人、未成年人、残疾人等提供必要的访视、照料服务。

五是发挥好临时救助积极预防的功能作用，对基本生活陷入暂时困难的群众加强临时救助，做到凡困必帮、有难必救。

六是织密兜牢丧失劳动能力人口基本生活保障底线。对脱贫人口中完全丧失劳动能力或部分丧失劳动能力且无法通过产业就业获得稳定收入的人口，要按规定纳入农村低保或特困人员救助供养范围，做到应保尽保、应兜尽兜。

三、"十四五"时期积极完善和发展社会救助

进一步完善临时救助制度，逐步取消户籍地、居住地申请限制，探索在急难发生地申请临时救助，由急难发生地审核并发放临时救助金。积极开展服务类社会救助，适应困难群众多样化救助需求，加快形成社会救助服务多元供给格局，在加强物质帮扶的同时，探索通过政府购买服务等方式对社会救助家庭成员中生活不能自理的老年人、未成年人、残疾人等提供必要的访视、照料服务，形成"物质＋服务"的救助方式。鼓励、引导社会工作服务机构和社会工作者为低收入人口提供心理疏导、资源链接、能力提升、社会融入等服务。完善社会救助家庭经济状况核算方法，"十四五"时期中央确定的城乡居民基本养老保险基础养老金不计入低保家庭、特困人员收入。推进城乡社会救助服务均等化，合理配置城乡社会救助资源，加大农村社会救助投入力度，构建城乡一体化的社会救助政策体系和管理体制，从对象条件、申办流程、管理服务和救助标准等方面，逐步缩小城乡差异。

｜第四节｜

加强扶贫项目资金资产管理和监督，
推动特色产业可持续发展

随着脱贫攻坚任务的实现以及规模庞大的扶贫资产的形成，当前亟须

改变单纯扶贫资金管理的传统思维，树立扶贫资金资产系统管理理念。在新时期，要以提高扶贫资产质量和可持续性为核心，全面加强扶贫资产的经营管理、维护和监督，加快建立完善产权归属明晰、管护主体职责明确、利益分配合理、运行管理规范的扶贫资产管理制度，构建扶贫资产营运管护的长效机制，确保扶贫项目安全可控、扶贫资产保值增值，为巩固拓展脱贫攻坚成果、全面提高脱贫质量、促进乡村全面振兴提供坚实的基础性保障。

一、"十四五"时期加强扶贫项目资金管控

"十四五"规划明确指出，要"加强扶贫项目资金资产管理和监督，推动特色产业可持续发展"。为加强资金使用管理，提升资金使用效益，2021年3月财政部等6部门联合制定了《中央财政衔接推进乡村振兴补助资金管理办法》，对中央财政衔接推进乡村振兴补助资金做出全面规定，明确了"资金怎么花""绩效怎么升"等问题。

在资金用途上，重点支持培育和壮大欠发达地区特色优势产业并逐年提高资金占比，支持健全防止返贫致贫监测和帮扶机制、"十三五"易地扶贫搬迁后续扶持、脱贫劳动力就业增收，以及补齐必要的农村人居环境整治和小型公益性基础设施建设短板等。在资金分配上，统筹兼顾与突出重点相结合。一方面，把该花的钱花在刀刃上，衔接资金安排向国家乡村振兴重点帮扶地区倾斜，这是过渡期衔接工作的重中之重。另一方面，推动均衡发展，各省份分配资金时统筹兼顾脱贫县和非贫困县实际情况，要关注非贫困县，特别是脱贫攻坚时期处于贫困线边缘的非贫困县，防止这些地区在乡村振兴过程中掉队。在资金管理上，注重绩效，强化监管，坚

持下放权限和强化管理相结合，将衔接资金项目审批权限继续下放到县级，并赋予更大自主权，明确县级可统筹安排不超过30%的到县衔接资金。同时要求各地建立完善巩固拓展脱贫攻坚成果和乡村振兴项目库，提前做好项目储备，严格项目论证入库。加强衔接资金和项目管理，落实绩效管理要求，全面推行公开公示制度，加快预算执行，提高资金使用效益[①]。

二、"十四五"时期完善扶贫项目资产管理

党的十八大以来，国家持续加大扶贫投入力度，实施了大量扶贫项目，形成了较大规模的资产，极大地改善了贫困地区生产生活条件，为贫困户脱贫增收、打赢脱贫攻坚战奠定了重要基础。为加强扶贫项目资产后续管理，确保扶贫项目在巩固拓展脱贫攻坚成果、接续全面推进乡村振兴中持续发挥效益，国家乡村振兴局等3部门出台了《关于加强扶贫项目资产后续管理的指导意见》。《指导意见》指出：

一是摸清扶贫项目资产底数。扶贫项目资产按经营性资产、公益性资产和到户类资产进行管理。对各级财政资金、地方政府债券资金、东西部协作、社会捐赠和对口帮扶等投入形成的扶贫项目资产进行全面摸底，分类建立管理台账，重点是经营性资产和公益性资产。二是有序推进确权登记。结合农村集体产权制度改革，稳妥推进符合条件的扶贫项目资产确权登记，做好资产移交，并纳入相关管理体系。三是落实后续管理责任。省市两级政府要统筹指导和监督做好扶贫项目资产后续管理工作。四是规范

---

① 今年中央财政将安排衔接资金1 561亿元 助力脱贫攻坚成果与乡村振兴有效衔接. (2021 - 04 - 01). http://www.gov.cn/xinwen/2021 - 04/01/content_5597204.htm.

后续管护运营。根据扶贫项目资产特点，明确产权主体管护责任，探索多形式、多层次、多样化的管护模式。五是规范收益分配使用。发挥扶贫项目资产的帮扶作用，经营性资产收益分配按照现行资产管理制度实施。严禁采用简单发钱发物、一分了之的做法进行收益分配。六是严格项目资产处置。任何单位和个人不得随意处置国有和集体扶贫项目资产。将扶贫项目资产进行抵押担保的，要严格按照相关法律法规执行。对以个人、村集体经济组织名义入股或参股企业等经营主体的，应明确股权的退出办法和处置方式等。属于村集体资产的处置收入应重新安排用于巩固拓展脱贫攻坚成果和全面实现乡村振兴。

三、"十四五"时期推动特色产业持续发展

发展产业是实现脱贫的根本之策，产业兴旺是乡村振兴的物质基础。实现巩固拓展脱贫攻坚成果同乡村振兴有效衔接，发展壮大特色产业至关重要。为了培育壮大脱贫地区特色产业，让脱贫基础更加稳固、成效更可持续，2021 年 4 月农业农村部等 10 部门发布了《关于推动脱贫地区特色产业可持续发展的指导意见》，目标任务是："到 2025 年，脱贫地区特色产业发展基础更加稳固，产业布局更加优化，产业体系更加完善，产销衔接更加顺畅，农民增收渠道持续拓宽，发展活力持续增强。壮大一批有地域特色的主导产业，建成一批绿色标准化生产基地，培育一批带动力强的农业企业集团，打造一批影响力大的特色品牌。"

全国人大农业与农村委员会副主任委员李春生表示，发展乡村特色产业要立足特色资源，以市场为导向，以农民增收为目标，注重以科技创新来驱动特色产业的发展，探索数字经济、大数据产业赋能乡村特色产业形

成产业发展的新业态、新模式和新动能，建立高效利益连接机制，保障农民享受产业增值效益①。

《关于推动脱贫地区特色产业可持续发展的指导意见》指出，"十四五"时期实施特色种养业提升行动，需要加快下述实践探索：第一，加强规划引领，指导脱贫地区依托资源优势和产业发展基础，编制"十四五"特色产业发展规划，引导资金、技术、人才、信息向脱贫地区聚集。优化产业布局，促进产镇融合、产村一体。强化省级统筹，促进县际协同发展，打造集中连片的特色产业集群。第二，建设标准化生产基地，推进品种培优和品质提升，推广绿色投入品，推进标准化生产，创建特色农产品优势区、农业绿色发展先行区、农产品质量安全县。第三，提升农产品加工业，统筹发展农产品初加工、精深加工和综合利用加工，推动脱贫地区由卖原字号向卖制成品转变，把增值收益更多留在县域。第四，加强农产品流通设施建设，推进脱贫地区流通骨干网络建设，引导供销、邮政及各类企业把服务网点延伸到脱贫村。支持脱贫地区建设田头市场、仓储保鲜冷链物流设施。实施"数商兴农"，统筹市场力量参与农村电商基础设施建设，培育发展农产品网络品牌。第五，拓展农业功能价值，依托特色资源，发展乡村旅游、休闲农业等新产业新业态。支持脱贫地区挖掘农村非物质文化遗产资源，设立非遗工坊。第六，打造知名产品品牌，指导脱贫地区通过建设粮食生产功能区、重要农产品生产保护区和特色农产品优势区，培育一批有影响力的区域公用品牌。第七，推动产业园区化发展，每个脱贫县选择1～2个主导产业，建设农产品加工园区和农业产业园区，

---

① 我国探索加快乡村特色产业发展推进乡村振兴. (2021-06-09). http：//nrra.gov.cn/art/2021/6/9/art_624_189917.html.

促进特色产业全产业链发展，形成"一业一园"格局。加快推进脱贫县农业产业强镇、"一村一品"示范村镇建设，促进产村、产镇深度融合。

| 第五节 |

推广以工代赈方式，
带动低收入人口就地就近就业

以工代赈是支持农村经济社会发展和开发式帮扶的一项重要政策举措。"十三五"期间，以工代赈建设的范围是贫困地区，主要目标是使贫困群众通行难、饮水难等问题得到基本解决，生态恶化趋势得到缓解，制约项目区发展与脱贫的瓶颈问题得到有效解决，生产生活条件和发展环境明显改善，贫困人口的参与度和受益水平进一步提升，自我发展能力进一步增强。"十三五"期间，国家累计投入以工代赈资金近 300 亿元，发放劳务报酬超 30 亿元，带动 100 多万贫困群众就近务工增收，在激发群众内生动力、助力贫困地区脱贫发展方面发挥了重要作用[1]。

打赢脱贫攻坚战之后，"十四五"时期，以工代赈范围将由贫困地区

---

① 国家以工代赈巩固脱贫成果衔接乡村振兴试点工作取得明显成效. (2021－06－02). https://www.ndrc.gov.cn/fggz/dqzx/tpgjypkfq/202106/t20210602＿1282419.html？code＝&state＝123.

拓展至以脱贫地区为重点的欠发达地区，并重点向"三区三州"等原深度贫困地区、国家乡村振兴重点帮扶县、易地扶贫搬迁后续扶持任务较重地区以及受自然灾害影响较重地区倾斜。受益对象由农村建档立卡贫困人口拓展至农村劳动力，特别是广泛带动脱贫人口、易返贫致贫监测对象和其他低收入人口就近就业。主要目标变为推动以工代赈由专项扶贫政策向集就业促进、基本建设、应急救灾、收入分配、区域发展等功能为一体的综合性帮扶政策转变，助力巩固拓展脱贫攻坚成果、全面推进乡村振兴。建设领域由农村中小型公益性基础设施拓展至农村中小型公益性基础设施和农村产业发展配套基础设施两大领域。赈济模式由单一发放劳务报酬拓展至包括改善生产生活条件、发放劳务报酬、开展技能培训、设置公益性岗位、资产收益分红等多种赈济模式。2020 年 5 月，国家发展改革委印发专门方案，安排中央预算内投资 1.8 亿元，优先支持一批巩固脱贫成果任务重的已脱贫摘帽县，围绕"公益性基础设施建设＋劳务报酬发放＋就业技能培训＋公益性岗位设置"和"产业发展配套基础设施建设＋劳务报酬发放＋就业技能培训＋资产折股量化分红"两种模式，探索开展以工代赈巩固脱贫成果衔接乡村振兴试点工作①。

一、"十三五"期间以工代赈成果显著

从 2020 年试点工作开展以来，试点地区广泛组织动员群众参与项目建设，积极探索就业技能培训、公益性岗位开发和资产收益分红等赈济新

---

① 国家以工代赈巩固脱贫成果衔接乡村振兴试点工作取得明显成效. (2021－06－02). https://www.ndrc.gov.cn/fggz/dqzx/tpgjypkfq/202106/t20210602＿1282419.html? code＝&state＝123.

方式，让中央以工代赈资金更直接、更广泛、更长久地惠及脱贫群众，为做好巩固拓展脱贫攻坚成果同乡村振兴有效衔接探索了新路径、积累了新经验。22 个试点项目承载的试点任务顺利完成并取得预期成效，当年即带动 4 400 多名农村低收入人口在家门口就业，累计发放劳务报酬 3 600 余万元，占中央投资的比例超过 20%（部分项目超过 30%），同时开展技能培训近 8 000 人次，开发公益性岗位 300 多个，1.26 亿元以工代赈资金折股量化到村集体经济组织。试点项目的成功实施，改善了项目区发展的硬件条件和环境，有效应对了疫情和灾情对农村劳动力特别是脱贫人口就业增收的影响，为新形势下更好发挥以工代赈"赈"的作用奠定了群众基础和实践基础[①]。

二、"十四五"时期的重点工作

"十四五"时期，需继续发挥以工代赈作用，促进脱贫人口就业。第一，村集体或县政府组织群众以工代赈。村集体或县政府与用人单位建立沟通机制和合作关系，统一组织动员当地农村群众、城镇低收入人口和就业困难群体等参与务工，优先吸纳当地建档立卡户、脱贫不稳定户、边缘易致贫户、受疫情灾情影响滞留农村劳动力、农民工和防止返贫监测对象。第二，吸纳脱贫群众就近务工增收，及时足额发放劳务报酬。坚持"资金跟着项目走，项目带着就业走"原则，在确保工程质量和项目进度前提下，尽可能提供更多务工岗位，让群众在家门口能打工、有收入，实

---

① 国家以工代赈巩固脱贫成果衔接乡村振兴试点工作取得明显成效. (2021 - 06 - 02). https://www.ndrc.gov.cn/fggz/dqzx/tpgjypkfq/202106/t20210602_1282419.html? code = & state = 123.

现务工和务农两不误、种地和建设双肩挑。还要尽可能增加劳务报酬发放规模，坚决杜绝劳务报酬发放过程中拖欠克扣、弄虚作假等行为。第三，加强务工人员培训力度。用人单位可以采取"培训＋上岗"、实训和以工代训等方式有针对性地开展技能培训，探索委托职业技术学校、技工院校开展培训的模式，帮助当地群众掌握实用务工技能，有效提升群众参与产业发展、依靠劳动增收致富的能力。第四，依托试点项目开发公益性岗位，防止返贫致贫。根据当地实际情况继续设立保洁员、养护员等公益性岗位，让群众参与到产业类项目运营和公益性基础设施维护中，保障以工代赈资金长期发挥效益，促进当地低收入人口稳定就业增收。第五，推动项目资产折股量化分红。按照"资源变资产、资金变股金、农民变股东"的思路，试点地区以工代赈中央预算内投资形成的资产进行股权量化，入股到运营项目的企业或合作社，股权按照适当比例进行分配，由集体经济组织负责经营和管理，让群众既得薪金又得股金。

第六节

做好易地扶贫搬迁后续帮扶，
加强大型搬迁安置区新型城镇化建设

"十三五"期间，易地扶贫搬迁是针对生活在"一方水土养不好一方人"地区的贫困人口实施的一项专项扶贫工程，目的是通过"挪穷窝""换穷业"，实现"拔穷根"，从根本上解决搬迁群众的脱贫发展问题。实施对象是建档立卡贫困人口，涉及的地区主要是难以满足日常生活生产需要且不具备基本发展条件的地区，国家禁止开发区或限制开发区，基础设施和基本公共服务设施十分薄弱且工程措施解决难度大、建设和运行成本高的地区，地方病严重且地质灾害频发的地区。打赢脱贫攻坚战后，"十四五"时期，易地扶贫搬迁后续帮扶要做好，主要目标从"搬得出"转变为搬迁群众稳得住、有就业、逐步能致富，致力于解决搬迁人口持续稳定生活的问题。

搬迁群众是防止规模性返贫的特殊群体，移民搬迁后续帮扶工作是巩固拓展脱贫攻坚成果的重中之重。应着重解决后扶工作中遇到的各类困难和问题，确保搬迁群众稳得住、有就业、能致富，守牢防止规模性返贫的底线[1]。

一、"十三五"期间易地扶贫搬迁的成果显著

"十三五"期间，全国累计投入易地扶贫搬迁各类资金约6 000亿元，建成集中安置区约3.5万个，其中城镇安置区5 000多个，农村安置点约3万个；建成安置住房266万余套，总建筑面积2.1亿平方米，户均住房面积80.6平方米；配套新建或改扩建中小学和幼儿园6 100多所、医院和社区卫生服务中心1.2万多所、养老服务设施3 400余个、文化活动场所4万余个。全国五年间搬迁960多万人，占同期脱贫人口的20%，相当于中

---

① 国家乡村振兴局召开巩固脱贫成果强化搬迁后扶工作现场推进会. (2021 - 04 - 26). http://nrra.gov.cn/art/2021/4/26/art_4347_188599.html.

等国家人口规模。其中城镇安置 500 多万人，农村安置约 460 万人。全国易地扶贫搬迁建档立卡贫困户人均纯收入从 2016 年的 4 221 元提高到 2019 年的 9 313 元，年均增幅 30.2%[①]。

二、目前的挑战与"十四五"时期的工作重点

目前，脱贫人口大规模聚集，给产业就业、基层治理、公共服务等带来严峻挑战。实际居住在安置点的人员中，多数是老人、妇女和儿童，发展产业能力弱，就业技能比较低，促进增收难度大，搬迁进城后刚性支出反而明显增加，加大了返贫风险。搬迁群众从散居到聚居、从山里到城里，打破了原有的血缘、亲缘、地缘关系，相互之间不了解，对城镇生活也不适应，帮助他们尽快融入新社区，难度比较大。由于搬迁安置时间紧迫，集中安置点短期大量新增人口，有的公共服务承载能力没及时跟上，补齐服务短板面临不少困难[②]。

2021 年 4 月，国家发展改革委、乡村振兴局等 20 个部委印发了《关于切实做好易地扶贫搬迁后续扶持工作巩固拓展脱贫攻坚成果的指导意见》，明确了接下来的工作重点和具体要求。

第一，要抓好防止返贫监测帮扶。防止规模性返贫，是乡村振兴部门第一位的政治任务，集中安置区是这项工作的监测重点。搬迁人口集中安置，给监测工作带来便利，显著降低了摸排成本。要建立风险台账，针对不同的返贫风险，分类制定帮扶预案，按照缺什么补什么的原则，有针对

---

① 发展改革委："十三五"易地扶贫搬迁任务已全面完成.（2020 - 12 - 03）. http：//www. scio. gov. cn/ztk/dtzt/42313/44623/44627/Document/1695527/1695527. htm.

② 王正谱在巩固脱贫成果强化搬迁后扶工作现场推进会上的讲话.（2021 - 05 - 20）. https：// baijiahao. baidu. com/s？ id＝1700213091677522623&wfr＝spider&for＝pc.

性地帮扶，确保应帮尽帮。

第二，要抓好稳定增收。确保搬迁群众稳得住、能致富，关键是要稳定增收，做好产业和就业帮扶。全国各地做了大量探索，比如：贵州统筹50多亿元财政专项扶贫资金，支持安置点产业园区、扶贫车间等建设；陕西安排不少于10%的建设用地指标，重点保障乡村产业用地。配合农业农村等部门，支持有条件的安置点发展壮大特色产业，把安置点的产业项目优先纳入巩固拓展脱贫攻坚成果和乡村振兴项目库；坚持办好帮扶车间，加快安置点发展劳动密集型产业和创新创业；深化消费帮扶，拓展销售渠道，创新流通方式，促进稳定销售。加强东西部劳务协作，提高劳务输出组织化程度；拓展就地就近就业渠道，支持搬迁安置点产业园区扩大就地就业容量，统筹用好乡村公益岗位。

第三，要抓好社区治理。社区治理是各类搬迁安置方式面临的共性问题，要重点解决搬迁群众社会融入问题，引导他们安居乐业。在这方面，全国各地积累了大量经验，比如：安徽、广西等地，实施党支部、网格员、点长、楼长四级治理；云南构建社区联系楼宇支部、支部联系党员、党员联系群众的党建网格，确保每个搬迁家庭都有一名党员负责联系。还要重点关注以下三个问题：一是强化属地管理。有的搬迁群众办事存在迁入地和迁出地"两头跑"现象，要重视这些问题，强化迁入地主体责任，确保搬迁群众享受便捷服务。二是健全组织体系。重点是建强服务队伍，合理划分服务半径。选优配强党组织书记，选派精兵强将充实第一书记和工作队，进一步壮大社区治理队伍，提升治理能力。三是注重教育引导。加强搬迁群众培训和感恩教育，推行结对帮扶机制，结合当地居民风俗习惯，组织开展形式多样的文体活动，促进搬迁群众稳步融入新社区。

第四，要抓好权益保障。这是做好搬迁群众后续帮扶工作的基本前提。一是做好户籍转接。引导推动搬迁群众落户安置地，不能因为户籍问题，影响搬迁群众子女入学、看病就医、社会保障等权益。二是加快不动产登记。及时做好安置住房不动产登记工作，让搬迁群众吃上"定心丸"。三是解决物业管理难题。探索通过盘活安置点资产、募集社会资金、财政补贴、群众负担等多种方式，建立长效管理机制。四是保障群众知情权参与权。要及时公开办事流程、经费收支等情况，对集体经济发展、基础设施建设等，要引导群众多参与、多监督，增强群众主人翁意识①。

---

① 王正谱在巩固脱贫成果强化搬迁后扶工作现场推进会上的讲话. (2021 - 05 - 20). https：//baijiahao. baidu. com/s？ id＝1700213091677522623&wfr＝spider&for＝pc.

第十章

提升脱贫地区整体发展水平

　　"十三五"期间，打赢脱贫攻坚战主要解决了贫困户个体脱贫的问题，然而在整个县域的持续发展方面，仍存在很多问题，尤其是西部薄弱地区。目前的脱贫地区经济活力和发展后劲不足，乡村产业质量效益和竞争力仍需提高，农村基础设施和基本公共服务水平参差不齐，生态环境尚需持续改善，美丽宜居乡村建设有待扎实推进。"十四五"时期，不仅要切实防止规模性返贫，还要推动脱贫地区的整体发展水平，从而促进乡村振兴进程顺利进行。

｜ 第一节 ｜
消费扶贫

一、"十三五"期间消费帮扶取得巨大成效，但显现出诸多痛点堵点

　　消费是生产的动力，消费帮扶既关乎人民群众的高品质生活，也关系着乡村全面振兴。"十三五"期间，全国 4 500 余户扶贫产品经销样本企业销售收入年均增长 9.4%。扶贫产品由初级农产品向深加工农产品转变的趋势更加明显。2020 年，农副加工产品销售收入占扶贫产品的比重达 35.7%，较 2017 年占比提高了近 5 个百分点，明显高于米面粮油（29.2%）、禽畜蛋奶（17.6%）、新鲜果蔬（9.3%）和中药材（2.8%）

等初级农产品比重。重点地区扶贫产品消费增速较快，2020 年扶贫产品经销样本企业销售占比最高的云南（14.4%）、湖南（11.6%）和四川（11.9%）三地年均增速分别为 18.7%、14.4% 和 18.7%。部分民族地区，如广西、贵州、海南、西藏和新疆等地扶贫产品年均销售增速分别达48.1%、52.0%、32.8%、83.1% 和 45.4%。扶贫产业链加快向高附加值和线上延伸，2016 年以来，通用设备、计算机电子、汽车等装备制造业年均分别增长 28.5%、27.8% 和 22.2%，扶贫产业链逐步向高端延伸。信息技术服务业销售收入年均增长 188%，扶贫龙头企业中的农产品电商平台企业数量五年间增加了 7 倍多。2020 年全国 4 500 余户扶贫产品经销企业销售收入同比增长 32.9%，增速比 2019 年和 2018 年分别提高 19.4 个和17.7 个百分点，显著高于 2020 年全国企业销售的总体增速，充分反映消费扶贫有力支持和巩固脱贫攻坚成果①。

消费帮扶工作取得巨大成效，但巩固拓展脱贫攻坚成果的任务依然艰巨，消费帮扶过程中显现出诸多痛点。首先，贫困地区的农业往往规模很小且比较分散，难以满足企业短期内的大批量采购需求。其次，有些贫困地区的农业生产方式比较传统，标准化程度低，良品率不高，甚至生产出的东西与市场需求不匹配。另外，从田间地头到城市餐桌，消费扶贫产品要经历漫长的供应链体系，然而贫困地区农产品的产后分级、储藏保鲜、快递物流、包装文创等都比较落后。特别是有的地方品控不严，让消费者感到失望。最后，部分企业和平台发起的消费帮扶活动是一次性的，这对化解当下的农产品存量有一定帮助，但缺少后续安排。一些东西部协作的

---

① "十三五"时期我国产业扶贫、消费扶贫成果丰硕. (2021-02-26). http://www.chinatax.gov.cn/chinatax/n810219/n810780/c5161883/content.html.

消费扶贫订单缺少长期保障机制，难以推动形成长期的生产发展动力。

二、"十四五"时期继续大力实施消费帮扶

针对消费帮扶存在的诸多问题，2021 年 5 月，国家发展改革委等 30 个部门联合印发了《关于继续大力实施消费帮扶巩固拓展脱贫攻坚成果的指导意见》，对"十四五"时期继续大力实施消费帮扶、巩固拓展脱贫攻坚成果做出了安排部署。第一，"十四五"时期，消费帮扶工作要以脱贫地区和脱贫人口为重点，聚焦"三区三州"等原深度贫困地区、乡村振兴重点帮扶县，兼顾其他欠发达地区和农村低收入人口，通过强化定向采购帮扶、加强区域协作帮扶、鼓励社会力量参与帮扶等方式，不断扩大脱贫地区特色农产品和文化旅游等服务消费。第二，强化农产品滞销监测预警，建立多方联动的应急处置机制。强化政策激励约束，综合采取财税、投资、土地、金融、人才、征信、行业准入等激励约束政策，促进消费帮扶工作更加规范、有序、可持续发展。第三，着力打通农产品上行"最后一公里"，推动消费帮扶提质升级。第四，持续提升品质品牌。提升帮扶产品的市场化、规模化、标准化、品牌化，打造帮扶产品优选、优品、优质、优价、优先的品牌。继续鼓励引导科研院所培育研发优质品种，推动龙头企业、批发市场、大型超市到帮扶地区建立种植养殖生产基地、深加工基地、供应基地。第五，利用微博、微信、移动客户端等新媒体平台，加大对农产品品牌的展示和宣传推介，提升农特产品的市场知名度和品牌效益。第六，深化拓展消费帮扶"帮销、促产、疏浚、解困"的政策功能，继续调动政府、市场和社会力量扩大消费，支持脱贫地区产品和服务优化结构、提质增效，解决脱贫地区产品上行外销的痛点难点堵点，及时

化解脱贫地区农产品滞销问题。

｜第二节｜
西部乡村振兴重点建设县

一、西部地区脱贫县仍是全国区域发展中的突出短板

脱贫攻坚目标任务全面完成后，西部地区脱贫县特别是原深度贫困县，自然条件差，历史欠账多，自我发展能力弱，仍然是全国区域发展中的突出短板。因此，中央做出集中支持国家乡村振兴重点帮扶县的战略安排。按照中央部署，西部 10 省区市综合考虑人均地区生产总值、人均一般公共预算收入、农民人均可支配收入等指标，统筹考虑脱贫摘帽时序、返贫风险等因素，结合各地实际，确定了 160 个国家乡村振兴重点帮扶县。

脱贫攻坚战全面胜利后，重点帮扶县经济社会总体发展水平仍然较低，巩固拓展脱贫攻坚成果还面临不少困难，必须明确目标导向，用乡村振兴统揽各项支持工作，全面巩固拓展脱贫攻坚成果，尽快补齐区域性发展短板。要把巩固拓展脱贫攻坚成果作为首要任务，全面加强对重点帮扶县的支持保障，中央部门要强化政策支持，东西部协作要加大倾斜力度，西部各省份党委和政府要切实担负起总体责任，重点帮扶县要积极主动努

力，合力促进发展①。

这160个重点帮扶县绝大部分是原深度贫困县，是经过多轮攻坚最后才啃下来的"硬骨头"，巩固拓展脱贫攻坚成果、全面推进乡村振兴任务十分艰巨。一是防止返贫的任务特别重。重点帮扶县累计脱贫人口占全国总数的近五分之一，脱贫人口收入虽然实现了快速增长，但截至2020年也只有全国脱贫人口平均水平的90％。据动态监测，全国易返贫致贫人口约438万，重点帮扶县占比近30％；全国易地搬迁脱贫人口960万，重点帮扶县占比约三分之一；全国有66个万人以上集中安置点，其中43个在重点帮扶县。二是持续发展的基础比较弱。重点帮扶县人均GDP仅为全国的三分之一，一般公共预算收入不到全国的六分之一，人均耕地灌溉面积不到十二分之一，农村人均用电量刚刚超过三分之一。不少地方产业发展起步晚、规模小、布局散、链条短、销售难，产业同质化问题比较严重，近40％的村集体经济年均收入低于5万元。基础设施和公共服务差距明显，有106个县不通铁路，69个县不通高速公路，万人医疗床位数仅为全国的一半，160个县平均农村低保标准均低于本省和全国水平。三是区域相对集中，困难交织叠加。有68个重点帮扶县集中在10个市州，其中四川凉山10个、甘孜9个，云南昭通8个，广西河池、百色各7个。很多县是集地质灾害高发区、革命老区、民族地区于一体，有73个县在地质灾害高发区，114个县在民族地区，44个县在革命老区，这些地方大多地处偏远、生态脆弱、地质灾害频发。还有一些县由于历史原因，社会文明程度较低，社会发育仍然滞后，不少群众沿袭陈规陋习，自我发展动力和

---

① 胡春华强调：齐心协力加快推动国家乡村振兴重点帮扶县发展. (2021 - 06 - 20). http：//www.gov.cn/guowuyuan/2021 - 06/20/content_5619712.htm.

能力仍然不足。这些都给巩固拓展脱贫成果带来风险隐患，影响制约了乡村全面振兴①。

二、"十四五"时期对重点帮扶县给予全方位的支持

"十四五"时期，针对重点帮扶县发展基础薄弱的现实问题，给予全方位的支持至关重要。

第一，强化投入保障。资金投入方面，中央财政加大倾斜支持力度，在衔接推进乡村振兴补助资金、农村危房改造补助资金、农业生产发展资金、卫生健康和医疗救助投入等多个方面予以倾斜，统筹整合使用财政涉农资金政策延续到 2025 年，比其他脱贫县增加两年。金融帮扶方面，努力实现银行保险机构全覆盖，支持异地设立证券基金经营分支机构。督促将新增可贷资金主要用于当地，提高信贷资金适配性。继续实施小额信贷，确保应贷尽贷。对企业申请首发上市、新三板挂牌、发行公司债券和资产支持证券融资的，即报即审、审过即发，免征新三板企业挂牌初费。优先支持开展优势特色农产品保险、"保险＋期货"等项目。土地政策方面，过渡期内为重点帮扶县每年每县安排建设用地计划指标 600 亩，专项用于巩固拓展脱贫攻坚成果和乡村振兴。明确建设用地增减挂钩调剂使用、规划审批、土地利用、耕地保护等政策延续实施并予以倾斜。人才支持方面，适当放宽人员招录条件，在待遇职称、"三支一扶"计划等方面予以倾斜支持。围绕乡村特色产业，按照"一县一业"模式，选派科技特派团。

---

① 王正谱：在国家乡村振兴重点帮扶县工作会议上的讲话．（2021 - 07 - 23）．http：//nr-ra. gov. cn/art/2021/7/23/art _ 4346 _ 191000. html．

第二，突出产业就业。产业帮扶方面，倾斜支持建设优势特色产业集群、农业产业园、认定龙头企业，优先支持品牌培育、冷链设施，对认证绿色食品、有机农产品实行费用减免。试行农技推广人员"县管乡用、下沉到村"新机制，推动完善产业技术顾问制度，倾斜支持实施高素质农民培育计划。支持打造优质乡村旅游品牌，支持乡村旅游重点村镇名录建设。就业帮扶方面，对打造区域性劳务品牌予以倾斜支持。统筹用好公益岗位，按规定促进符合条件的弱劳力、半劳力等家庭就近就地解决就业。在开展职业技能帮扶中予以倾斜支持。逐步调整优化生态护林员政策，稳定生态护林员队伍。社会帮扶方面，结合东西部协作、中央单位定点帮扶政策调整优化，在帮扶资源安排上予以倾斜，开展"万企兴万村"行动，加大产业、劳务协作力度。

第三，加强基础设施建设和公共服务保障。基础设施建设方面，对符合条件的建设项目予以优先规划布局，在推进能源资源开发、输电通道、交通运输、铁路机场等重大项目，以及中小型水库、电信普遍服务等农村基础设施项目上予以倾斜。加强已建农村供水工程运行管理，管护经费予以倾斜支持。公共服务方面，启动实施并倾斜支持"中西部欠发达地区优秀教师定向培养计划"。以未达到二级甲等医院水平的县医院为重点，开展针对性帮扶。倾斜支持基层应急能力建设。优先推进"快递进村"和文艺下乡。支持困难重度残疾人家庭无障碍改造等项目。落实低保等社会救助兜底保障政策。需要强调的是，除统筹整合使用财政涉农资金、东西部协作、中央单位定点帮扶、建设用地增减挂钩节余指标跨省域调剂使用政策适用特定区域外，支持国家乡村振兴重点帮扶县的政策，对西藏、新疆同样适用①。

三、"十四五"时期保障重点帮扶县持续发展

为保障以上措施的实施，应着重注意以下几点：

第一，要转变思路观念。一是从解决"两不愁三保障"转向推动乡村全面振兴，即目标的转变。脱贫攻坚使"两不愁三保障"问题得到全面解决，接下来的目标是实现现代化。过渡期对 160 个县倾斜支持的重点是帮发展、促振兴。二是从突出到人到户转向推动区域发展，即工作方式的转变。脱贫攻坚强调因人因户精准施策，乡村振兴的目的不仅是农民富，还要实现农业强、农村美，关注的是全域发展。重点帮扶县要强化区域统筹、系统发展的思维，规划产业、使用资金、落实政策，在牢牢守住不发生规模性返贫底线的基础上，着力推动产业发展壮大、促进区域整体发展。三是从以政府投入为主转向政府市场有机结合，即政策机制的转变。脱贫攻坚中，政府投入是绝对主力，绝大部分是无偿的。推进乡村振兴，继续要求无偿援助是不可持续的。支持重点帮扶县，市场的作用应更加突出。各地要积极探索有效机制，通过市场手段，引导社会资源和各方力量，持续支持重点帮扶县全面发展。

第二，要压紧压实责任。一是加强统筹协调。各级党委农办、农业农村部门、乡村振兴部门要充分发挥统筹协调职能，积极协调配合相关单位和部门，及时解决政策执行中存在的困难问题。二是强化省负总责。对工作推进情况，各省要建立台账，掌握进度，督促推进政策全面落实。三是

---

① 王正谱：在国家乡村振兴重点帮扶县工作会议上的讲话．（2021－07－23）. http：//nr-ra. gov. cn/art/2021/7/23/art＿4346＿191000. html.

压实市县乡责任。有重点帮扶县特别是比较集中的市州，要和县里共同研究，指导各县拿出切合实际的工作方案，帮助县里争取更多资源。

第三，要吃透用好政策。要用活国家层面和各省出台的一系列支持政策。一是梳理研究政策。各地要结合实际，把本地用得上的政策掌握全、梳理清、研究透。各省要结合实际，参照国家的做法，出台省级的支持政策。二是把政策变成项目。政策要落地，项目是最好的承接载体。要深入分析各县的短板弱项和独特优势，聚焦监测帮扶、产业就业、乡村建设、基层治理等方面，论证设计一批乡村振兴项目，进一步完善县级项目库建设。三是做好沟通协调。相关部门要加强业务指导，全面解读支持政策，跟踪了解落实情况。

第四，要突出县级主体作用。一是充分授权。乡村振兴衔接补助资金直接到县，涉农资金可以继续整合使用，每县每年安排600亩建设用地指标，人员招录可适当放宽条件等政策都给予了县级自主权。省市要充分放权，也要指导县级向乡村放权，确保县一级能够调配更多的资源，乡镇能够有更多的自主权。二是做好规划。5年过渡期，每个重点帮扶县不仅要有总体安排，每年还要有具体的实施方案。三是跟踪问效。各部门要跟踪评估政策落实情况。省市两级要根据既定规划目标，定期调度工作，开展监测评估，强化乡村振兴实绩考核，引导县委书记当好一线总指挥。

第五，要两手抓两不误。集中支持重点帮扶县，底线任务是防止返贫，重要目标是乡村振兴，主要手段是加快发展，巩固拓展脱贫攻坚成果和乡村振兴两大任务要一体推进。一方面，要把防止返贫作为重要基础。要抓实防止返贫动态监测帮扶，强化易地搬迁后扶工作，多渠道促进增收，强化社区治理，促进社会融入；持续抓好脱贫人口稳岗就业，有针对性开展技能培训，扶持办好就业帮扶车间，提升脱贫人口就业数量和质量。另一方面，要稳步有力推进乡村振兴。要狠抓产业发展，优化产业布局，完善产业体系，推动特色优势产业提档升级；要积极推进乡村建设，因地制宜推进农村人居环境整治，抓好农村"厕所革命"，一体推进污水和垃圾整治；要加强和改进乡村治理，加快乡村精神文明和生态文明建设，努力实现产业每年都有新发展，乡村面貌每年都有新变化，农民生活每年都有新提升[①]。

第三节

东西部协作和定点帮扶

针对我国东西部地区发展差距较大、贫困人口集中于西部地区的特点，我国于"八七扶贫攻坚计划"时期提出东西部扶贫协作的构想，并从1996年开始正式付诸实施。从20多年东西部扶贫协作的实践来看，东西部扶贫协作基本实现了最初设计的优势互补、合作共赢的目标。经过8年的脱贫攻坚，西部地区经济社会发展取得了历史性的成就，人民生活水平有了很大提高。但是西部地区发展不平衡不充分问题依然突出，与东部地

---

① 王正谱：在国家乡村振兴重点帮扶县工作会议上的讲话．（2021 - 07 - 23）．http：//nr-ra.gov.cn/art/2021/7/23/art＿4346＿191000.html.

区相比差距依然较大。而且脱贫攻坚时期的东西部协作区域、企业参与方式、考核评估制度已不再完全适用于乡村振兴阶段。"东西南北中，全国一盘棋"，为了更好地加快区域发展、适应新阶段的发展目标、缩小区域差距，在"十四五"开局之年，党中央做出了开展新的东西部协作和定点帮扶的重大决策。当前，东部地区社会经济发达，产业兴旺，各类知识和科技人才集聚，各地区改革开放以来都已形成自己成熟的发展路径，因此应充分利用好东部地区的既有优势深化东西部协作、帮扶好西部地区。

一、"十三五"期间东西部协作和定点帮扶成果显著

20 世纪 90 年代中期，党中央做出东西部扶贫协作与对口支援战略决策，对于打赢脱贫攻坚战、推进区域协调发展、实现共同富裕发挥了重要的支撑作用，取得了显著成效。东部 9 个省份结对帮扶中西部 14 个省份。据统计，2015 年至 2020 年，东部 9 个省份共向扶贫协作地区投入财政援助资金和社会帮扶资金 1 005 亿多元，互派干部和技术人员 13.1 万人次，超过 2.2 万家东部企业赴扶贫协作地区投资累计投资 1.1 万亿元。307 家中央单位定点帮扶 592 个国家扶贫开发重点帮扶县。据统计，2013 年至 2020 年，中央单位累计投入帮扶资金和物资 427.6 亿元，帮助引进各类资金 1 066.4 亿元，培训基层干部和各类技术人才 368.8 万人次。"万企帮万村"精准扶贫行动成果显著。据统计，2015 年至 2020 年底，累计组织动员 12.7 万家民营企业参与"万企帮万村"精准扶贫行动，精准帮扶 13.91 万个村，其中贫困村 7.32 万个，共带动和惠及 1 803.85 万贫困人口[①]。以

---

① 《人类减贫的中国实践》白皮书．（2021 - 04 - 06）. http：//nrra. gov. cn/art/2021/4/6/art _ 624 _ 188197. html.

上数据充分证明东西部协作机制与定点帮扶方式是适合中国国情的。

二、"十四五"时期继续落实东西部协作和定点帮扶

"十四五"规划提出,要坚持和完善东西部协作和对口支援、中央单位定点帮扶、社会力量参与帮扶等机制。"十四五"时期,要把东西部协作与定点帮扶工作的成功经验,在巩固拓展脱贫攻坚成果同乡村振兴有效衔接中继续发扬光大。习近平总书记强调,要完善东西部结对帮扶关系,拓展帮扶领域,健全帮扶机制,优化帮扶方式,加强产业合作、资源互补、劳务对接、人才交流,动员全社会参与,形成区域协调发展、协同发展、共同发展的良好局面。中央定点帮扶单位要落实帮扶责任,发挥自身优势,创新帮扶举措,加强工作指导,督促政策落实,提高帮扶实效[①]。

"十四五"时期,应从以下几个着力点开展东西部协作和定点帮扶工作:一是开展精准对接和深度合作,从单向帮扶走向双向赋能。着眼于西部脱贫地区巩固拓展脱贫攻坚成果,多方面开展东西部协作和定点帮扶精准对接、深度合作。利用西部地区资源丰富、劳动力成本低等优势,与东部地区的资金、人才、技术优势形成互补,支持西部产业发展壮大,推动东部产业向西部梯度转移,引导更多企业到西部地区发展,加强东西区域间市场协作。二是推进东西部协作结对关系调整。逐步将脱贫攻坚期的一对多、多对一的帮扶办法调整为一个东部地区省份帮扶一个西部地区省份的长期固定结对帮扶关系,中部地区不再实施省际结对帮扶。把文化、教

---

① 习近平对深化东西部协作和定点帮扶工作作出重要指示强调 适应形势任务变化 弘扬脱贫攻坚精神 加快推进农业农村现代化 全面推进乡村振兴. (2021 - 04 - 08). http://nrra.gov.cn/art/2021/4/8/art_42_188296.html.

育、科技、医疗卫生等行业对口支援纳入新的东西部协作范围中去。三是加强东西部省际劳务协作。建立东西部劳务协作机制，推进东西部人员互动、技术互学、劳务对接，加强省际劳务协作，既可以为低收入人口增收致富找到出路，也可以为城市建设和社会服务输送多元化、高质量的劳动者。同时还可以实现东西部地区民众的观念互通、作风互鉴，促进区域协调发展、协同发展。四是加强东部地区对西部地区人才支援。中央单位要继续做好干部选派等工作，东部地区继续选派优秀干部到西部地区挂职，东西部结对帮扶省份也可以互派干部，不仅可以学习彼此的优秀经验，也可以起到互相监督的作用，保障相关项目的廉洁落地，确保帮扶工作和干部队伍平稳过渡。五是建立科学的东西部协作考核体系。健全奖励激励机制，提升干部参与东西部协作的积极性。建立多层次、多视角的考核评价体系，构建科学的考核指标和评估方式，坚持结果与过程并重，通过听取干部群众、专家智库、第三方评估机构的反馈意见，不断完善东西部协作的考核方式。

后　记

实施乡村振兴战略对于提升我国农业农村发展质量意义重大。从中华民族伟大复兴战略全局看，民族要复兴，乡村必振兴；从世界百年未有之大变局看，稳住农业基本盘、守好"三农"基础是应变局、开新局的"压舱石"。构建新发展格局，把战略基点放在扩大内需上，农村有巨大空间，可以大有作为。

过去全面小康路上一个都没有掉队，未来共同富裕路上也不能落下农民农村。解决好发展不平衡不充分问题，重点难点在"三农"；构建新发展格局，潜力后劲在"三农"；应对国内外各种风险挑战，基础支撑在"三农"。实施乡村振兴战略，是解决人民日益增长的美好生活需要和不平衡不充分的发展之间矛盾的必然要求，是实现"两个一百年"奋斗目标的必然要求，是实现全体人民共同富裕的必然要求。

乡村振兴是实现共同富裕的必由之路，是补齐现代化短板的基础工程，是应对风险挑战的"压舱石"，总目标是农业农村现代化，总方针是农业农村优先发展，总要求是产业兴旺、生态宜居、乡风文明、治理有效、生活富裕，制度保障是建立健全城乡融合发展体制机制和政策体系。

党的十九大提出实施乡村振兴战略，经过 2018—2020 年三年试点，自 2021 年起已开始全面实施乡村振兴战略。"十四五"时期是全面实施乡村振兴战略的第一个五年，也是最重要的五年。在过去的五年中，笔者所在的团队多次参加乡村振兴的重要课题研究，也多次进行基层实际调研，多次参与重要政策咨询会议，积累了大量第一手的资料与信息，本书就是在这样一个背景下，结合"十四五"规划目标行动，从多角度对全面实施乡村振兴战略进行分析，重点从政策层面解剖这些行动的原因与意义。

中国人民大学郑风田、郭宇桥、王若男、崔梦怡、李奕珊、马登科等人承担了本书相关章节的撰写工作，郭宇桥等人承担了部分组织协调与文字校对等任务，项目负责人郑风田完成了全书的总体策划、撰写和统稿终审。

郑风田

图书在版编目（CIP）数据

全面推进乡村振兴/郑风田等著 . -- 北京：中国
人民大学出版社，2022.9
（中国式现代化研究丛书/张东刚，刘伟总主编）
ISBN 978-7-300-30888-3

Ⅰ.①全… Ⅱ.①郑… Ⅲ.①农村-社会主义建设-
研究-中国 Ⅳ.①F320.3

中国版本图书馆 CIP 数据核字（2022）第 139218 号

中国式现代化研究丛书

张东刚　刘　伟　总主编

全面推进乡村振兴

郑风田 等　著

Quanmian Tuijin Xiangcun Zhenxing

出版发行	中国人民大学出版社		
社　　址	北京中关村大街 31 号	**邮政编码**	100080
电　　话	010 - 62511242（总编室）	010 - 62511770（质管部）
	010 - 82501766（邮购部）	010 - 62514148（门市部）
	010 - 62515195（发行公司）	010 - 62515275（盗版举报）
网　　址	http://www.crup.com.cn		
经　　销	新华书店		
印　　刷	涿州市星河印刷有限公司		
规　　格	165 mm×238 mm　16 开本	**版　　次**	2022 年 9 月第 1 版
印　　张	16.5 插页 2	**印　　次**	2024 年 5 月第 6 次印刷
字　　数	168 000	**定　　价**	55.00 元